꿈을 이루는 독서의 힘

꿈을 이루는 독서의 힘

김영이 지음

책을 읽었더니 나이 오십에 간호사가 됐다!

한국경제신문*i*

PROLOGUE

나이 48세에 간호대학에 입학하면서 내 인생의 2막이 새롭게 시작되었다.

10대에 꿈을 꾸었던 간호대학 진학을 48세에 이루게 된 것이다. 새로운 생활환경의 적응과 스트레스를 해소하기 위해 선택한 것이 독서였다.

간호대학 진학은 내 인생의 마지막 선택이라 생각하고 입학을 했다. 간호대학을 입학해서 무엇을 하겠다는 큰 꿈이나 희망을 품고 있었던 것은 아니었다. 간호대학을 무사히 졸업하는 것만이 목표였다.

학교생활의 스트레스와 적응을 위한 책 읽기였지만, 책은 나에게 새로운 길을 열어주었다. 책은 나를 꿈꾸게 했고, 삶에 대한 희망을 가지게 했다. 내가 알지 못했던 미지의 세계로 나를 안내해주었다. 책 속의 세계는 무궁무진했다.

내가 늦은 나이에 간호대학을 진학해서 잘 버티고 졸업을 할 수 있었던 것은 책 덕분이었다. 그만두고 편하게 살고 싶다는 생각이 들 때마다 책은 나를 응원해주었다. 나를 앞으로 나아가게 한 것은 독서의 힘이었다. 독서 덕분에 학교생활을 무사히 마치고 졸업을 하게 되었다. 나의 지난 4년간의 간호대학생이었던 시절을 뒤돌아보면서 책을 쓰게 되었다.

1장 : 우연히 독서를 시작하다

2장 : 매일 출근하듯 책을 읽다

3장 : 독서로 나이 오십에 간호사의 꿈을 이루다

4장 : 내 인생을 바꿔준 가장 현실적인 독서법

5장 : 독서는 평범한 사람도 특별한 사람으로 만든다

책은 모두 5개 부분으로 나누었다. 내가 독서를 시작하게 된 이유, 나만의 독서방법들, 독서를 하면서 느낀 점, 독서하면서 성장한 나의 모습들을 솔직하게 담았다.

누구나 한 번쯤 책 한 권은 읽어봤을 것이다. 나도 예전에는 몇 년에 한 번 어쩌다 한 권 정도 읽는 정도였다. 책을 읽은 후 책을 덮으면 끝이었다. 비록 책을 읽지는 않았지만, 나의 취미생활은 늘 독서라고 적었다.

책이 사람을 변하게 한다는 사실이 믿어지지 않았다. 책으로 인해 인생이 변했다는 사람들의 말은 거짓이라 생각한 것이다. 하지만 내가 독서를 꾸준히 하면서 어느 순간 내가 변했다는 것을 알게 되었다.

인생이나 사람을 대하는 나의 태도가 나도 모르게 변화된 것이었다. 늘 부정적이며 우울한 마음이 가득한 나의 마음에 햇살이 비치기 시작한 것이 첫 번째 변화였다. 내 마음의 변화로 인해 제일 먼저 내가 살아있다는 것에 감사를 드리기 시작했다. 내가 그때 극단적인 선택을 했다면 이런 햇살 가득한 마음을 만나지 못했을 것이다. 늘 축축하고 습하고 곰팡이가 핀 내 마음에 햇빛이 들어오게 한 것이 책이었다.

책이 모든 사람을 같은 속도로 변화시키지 않는다. 사람마다 자기만의 변화에 속도가 다르다. 어떠한 책이 나에게 영감을 주어 변화를 시킬지는 아무도 모른다. 그래서 책은 늘 꾸준히 읽어야 한다. 꾸준하게 읽는 책을 통해 내가 진정으로 원하는 나를 찾아갈 수 있다.

작가가 된다는 것은 내가 이루고 싶은 꿈 지도에 있던 것 중 하나다. 그냥 막연하게 나도 작가가 되고 싶다는 생각을 했다. 간절하게 작가가 되고 싶다는 생각을 해보지는 않았다. 책은 읽지만 글을 쓰는 작가가 된다는 것은 하늘의 별따기처럼 보였다. 하지만 내가 꿈을 꾼 것이 이루어진 것이다. 꿈을 꾸어라. 그러면 이루어진다. 오늘도 책을 읽으며 새로운 꿈을 꾸고 있다.

꿈을 꾸고 무엇을 시작하기에 늦은 때란 없다. 다만 내가 그것을 정할 뿐이다. 나이가 많다고 고민하고 망설이지 않았으면 한다. 망설이지 말고 그 시간에 무엇을 하든 움직이면 좋은 방법들이 생겨난다.

무엇을 시작하든 처음은 늘 불안하고 힘들다. 하지만 하나씩 이겨나가며 성장하는 것이다. 그 옆에는 언제나 당신을 응원해주는 책이 있다.

김영이

CONTENTS

PROLOGUE · 004

1장 | 우연히 독서를 시작하다

독서를 시작한 이유 · 013
매일 책을 읽어야 하는 이유 · 020
책 한 권 읽기 진짜 어렵더라 · 026
껌딱지 자존감, 독서로 회복하다 · 033
책을 통해 시작된 나의 삶 · 038
공부를 위해 독서 먼저 · 044
나이 오십에 시작한 책 읽기 · 050

2장 | 매일 출근하듯 책을 읽다

매일 출근하듯 책을 읽다 · 059
독서는 후천적 습관이다 · 066
독서에 대한 원초적 욕구 · 073
독서를 하면서 얻은 많은 깨달음 · 079
독서는 내 생활의 일부 · 085
꼼꼼하게 읽겠다는 생각은 버려라 · 091
독서만 해도 인생이 즐겁다 · 098
극한까지 밀어붙이는 독서 · 104

3장 | 독서로 나이 오십에 간호사의 꿈을 이루다

나를 바꾸어 놓은 간호대학 진학 · 115
배우는 자와 배우지 않는 자 · 121
나는 꿈꾸는 간호사입니다 · 127

내가 간호대학에 입학한 이유 · 134
나를 간호사로 만든 것은 책 · 141
자신감이 최고의 무기다 · 148
마지막 관문, 간호사면허 국가고시에 합격하다 · 156
아르바이트는 처음입니다 · 163

4장 | 내 인생을 바꿔준 가장 현실적인 독서법

나만의 기준으로 독서하자 · 173
독서하고 메모하고 실천하기 · 180
도서관을 이용하라 · 187
다른 사람들이 쓴 서평을 읽자 · 194
독서토론 모임에 참여하자 · 200
서평 쓰는 습관을 들이자 · 207
같은 주제를 폭넓게 수평독서하자 · 213
세 번 반복해서 읽자 · 219

5장 | 독서는 평범한 사람도 특별한 사람으로 만든다

독서에 대한 편견과 오해 · 229
나는 독서로 더 넓은 세상을 만났다 · 236
열심히 살지 말고 특별한 사람이 되어라 · 243
독서는 최고의 스펙이다 · 250
삶을 이끄는 것은 나 자신이다 · 257
죽기 전까지 도전할 101가지 목록을 적어보라 · 264
독서가의 삶에서 이제는 작가의 삶으로 · 271

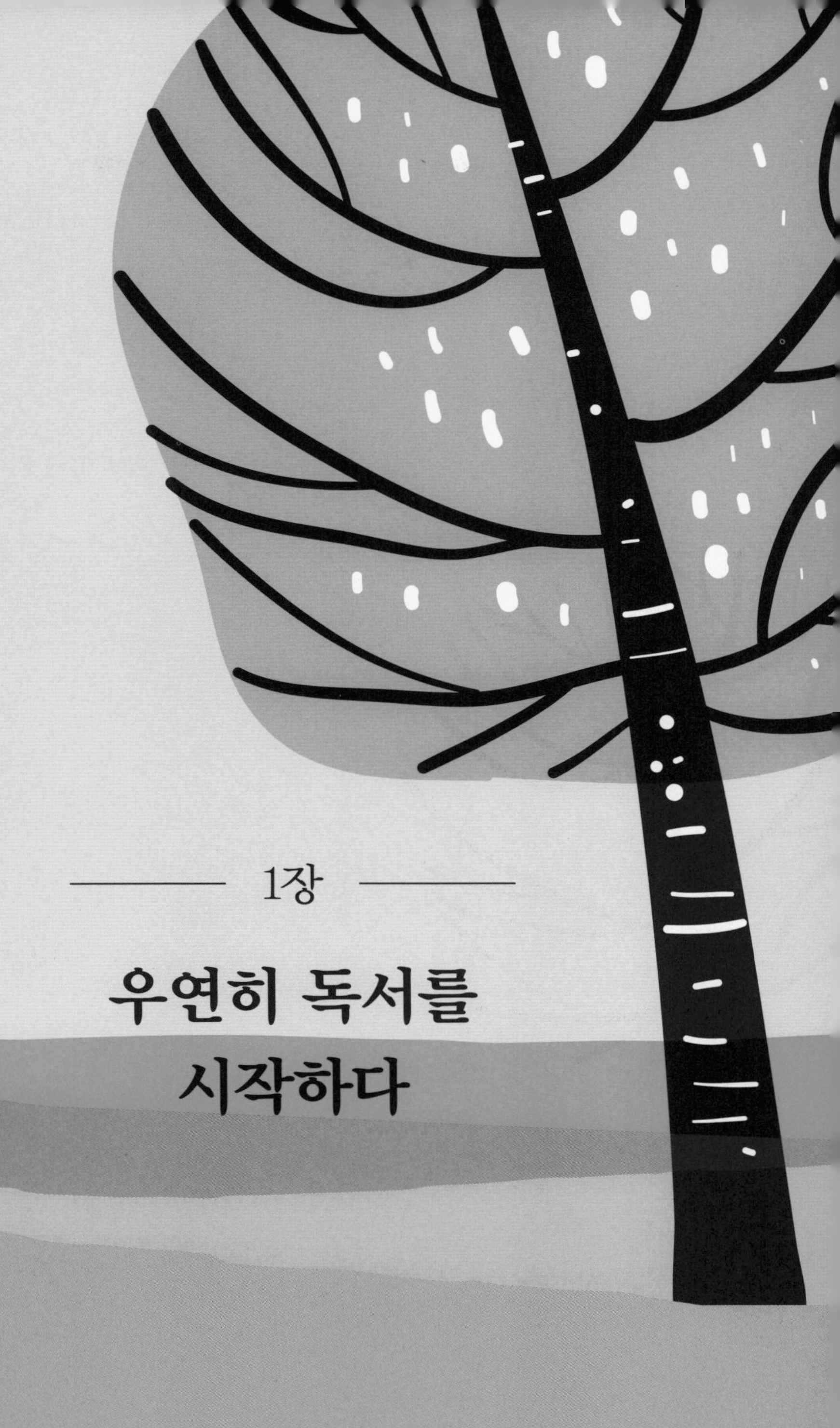

1장

우연히 독서를 시작하다

독서를 시작한 이유

사람들은 왜 독서를 시작할까? 태어나는 순간부터 죽을 때까지 끊임없이 독서를 하는 사람은 없다. 사람들은 어떤 계기로 인해 독서를 시작하게 된다. 그 이후에 책을 읽는 재미에 푹 빠져서 본격적인 독서가의 길을 걷는 것이다.

고등학교를 졸업한 이후 나는 책을 읽지 않았다. 잠깐씩 흥미 위주의 책들을 봤다. 교회를 열심히 다녔을 때 신앙서적을 몇 년에 1~2권 정도 읽는 것이 전부였다. 가끔 뉴스나 잡지에 '책을 읽고 변화됐다. 성공했다'라는 소식을 들을 때면 나는 책을 읽고 사람이 변화한다는 것은 절대로 있을 수 없는 일이라고 생각했다. 이런 이야기들은 책을 팔기 위한 상술이라고만 여겼다. 내게 있어 책이란 '나도 그 책을 읽었다'라고 말하기 위한 도구였을 뿐이다.

나는 독서라는 것 대해 진지하게 고민하지 않고 살았다.

나의 독서는 2016년 계명문화대학교 간호학과에 입학을 하면서 시작됐다. 그 당시 독서는 학교에서 시행하는 필수적인 프로그램이었다. 학점하고는 별로 관계가 없었지만 졸업하기 위해서는 필요한 과정이어서 꼭 해야만 했다.

입학부터 졸업 때까지 4년 동안 우리를 지도해줄 권순조 교수님과 학생들이 한 팀을 이루는 활동 중 하나였다. 우리 독서모임의 이름은 '다독다톡'이었다. 함께 많이 읽고 많이 토론하자는 것이었다.

학교에서 지정한 수많은 도서목록 중 우리가 읽고 싶은 책을 선정했다. 선정된 책을 1주일 동안 읽고 난 후 지정된 시간에 모였다. 함께 모여서 권순조 지도교수님과 함께 각자가 읽은 책에 대한 이야기를 나누는 시간을 가졌다. 읽은 책에 대한 짧은 감상평도 썼다. 그 당시 내가 읽은 책 중에 가장 기억에 남는 것은 《꾸뻬씨의 행복여행》, 《누가 내 치즈를 옮겼을까?》다.

《꾸베씨의 행복여행》을 읽으면서 행복이란 무엇인가에 대해서 생각했다. '나는 지금 행복 한가'라고 나에게 물어보기도 했다. 《누가 내 치즈를 옮겼을까》를 읽으며 변화에 대해 생각했다. 행복과 변화, 이 두 단어는 나를 사로잡는 단어였다.

행복한 삶을 위해서는 변화가 있어야 했다. 그동안 나는 변화를 거부하고 변화를 두려워하는 삶을 살았다. 변화를 두려워하는 삶. 이것은 고인 물과 같다. 변화 없는 삶은 고약한 냄새가 나는 썩은 물이 된다는 것을 깨달았다.

독서모임이 필수적인 학교프로그램이라 매주 과제를 하는 마음으로 성실하게 참여했다. 독서모임에 참여한 과 동기들 나이는 20살이고, 내가 나이가 제일 많았다. 내가 독서모임의 평균나이를 높여주었다.

고등학교를 갓 졸업한 과 동기들과의 독서모임은 특별했다. 작은 것에도 웃고 재잘거리는 풋풋한 젊음이 가득한 시간이었다. 투덜거리면서도 자기의 몫을 다 하는 아이들의 모습이 먹구름 같은 내 마음을 조금씩 환하게 밝혀주었다.

나이에 대한 부담감, 어색함, 나의 자격지심에 스스로 주눅이 들어있었다. 내가 그들에게는 이모나 엄마의 나이였으니 아이들도 부담스러웠을 것이다. 하지만 이런 독서모임을 통해서 과 동기들과 관계에서 오는 서먹함과 거리감, 학교생활에 대한 부담감이 점점 줄었다.

서로의 공통점이 없는 사람들이 만나면 서로 어색하고 부담스럽다. 서로 다른 사람들이 만났을 때 관심주제나 이야기가 있다면 관계가 훨씬 부드러워진다. 대학의 독서모임은 쉰 가까운 나이에 대학에 입학한 나를 학교 안으로 끌어 안아주었다. 독서모임을 통해 과 동기들이 내 마음에 4년 동안 함께 동거동락할 친구들로 받아들여졌다.

내가 독서를 시작한 두 번째 이유는 돈 때문이었다. 학교에서 한 학기 동안 책을 많이 읽은 사람들을 선정해서 '독서리더 장학생'으로 뽑았다. 책을 많이 읽은 순서대로 최우수상은 20만 원, 우수상은 10만 원, 장려상은 5만 원을 장학금으로 지급했다. '놀면 뭐하나' 하는 생각에 책을 읽어보기로 했다. 그 당시 단순한 생각에 책 읽기가 특별한 기술이 필요한 것도 아니어서 쉽다고 생각했다. 독서를 하고 난 뒤에 독서후기를 제출을 요구하지 않았다. 다만 도서관에서 책을 얼만큼 대여했는지가 기준이었다.

'독서리더 장학생'이 되기 위한 독서가 시작되었다. '마음은 원하지만, 몸이 안 따라준다'라는 말대로 몸과 마음이 따로따로였다. 나는 독서를 하고 싶지만, 몸은 독서를 거부했다. 학교도서관에서 책을 빌려왔으나 책을 몇 줄 읽지 못했다. 내가 읽고 있는 이 책은 한글로 된 책인데 외국어책을 읽는 기분이 들었다. 나에게 어울리지 않은 옷을 억지로 입은 어색함이 나를 감쌌다. 내가 빌려온 책은 어려운 책이 아니었다. 얇고 쉬운 책이었다. 하지만 나에게는 그냥 책에 글자가 적혀있다는 것만으로도 힘들었다. 그나마 위안은 1학년 1학기 교양과목 교재들보다는 쉬웠다는 것뿐이다.

'독서리더 장학생'으로 선발되어 장학금을 받아보겠다는 것이 무모한 도전이었다는 후회가 들었다. 학교 수업과 과제 준비만으로도 벅차기만 한 내가 괜한 짓을 했다는 생각을 했다. 그래서 일단 시작은 했으니 이번 1학년 1학기만 하고 2학기부터는 책 읽는 것은 중단하고 공부에 매진하기로 마음먹었다.

도서관에서 3월~5월까지 3개월간의 도서 대여량을 보고 '독서리더 장학생'을 선정했다. 나도 선정됐다는 문자가 왔다. 장려상이었다. 이 문자를 받고 깜짝 놀랐다. 책도 30권 정도밖에 읽지 않았는데 장려상이라는 생각에 감격했다. 가족들에게 독서하고 장려상을 받는다고 자랑을 했다. 태어나서 처음 받는 상이었다. 물론 학교 다닐 때 받은 개근상은 제외하고 말이다. 가족들이 그것이 무슨 상이냐고 물었다. 학교에서 도서관에서 책을 많이 빌려본 사람들에게 주는 상이라고 했다. 가족이나 친구들은 만학도로 학교에 다니는 것만으로도 힘들텐데 책을 읽었다니 놀랍다고 했다. 그리고 장려상까지 받다니 대단하다고 했다. 나도 내가 대단한 존재가 된 것 같았다. 너무나 기쁜 소식이었다.

계명문화대학교에 입학한 학생이면 누구나 해야 하는 독서모임, 또 교내 '독서리더 장학생'. 이것이 내가 독서를 시작한 이유였다. 내가 이러한 이유로 독서를 시작했다고 말하면 가끔은 장학금이 얼마나 된다고 그러나 하는 사람들도 있다. 그 시간에 다른 것을 하면 돈을 더 벌 수 있을 것인데 말이다. 그것도 맞는 말이다.

책 한 권 다 읽어보려고 하루에 몇 시간씩 책상에 앉아 있는 것보다 그 시간에 아르바이트하는 것이 돈을 더 벌 수 있다. 그러나 나는 학교에 적응하기 위해서는 독서가 먼저라는 마음이 들었다. 독서를 통해 내가 변화되기를 원한 것도 아니었다. 자기계발을 위해 시작한 독서도 아니었다. 그냥 막연히 내가 독서를 해야 학교를 무사히 졸업할 수 있다는 생각이었다.

그때 나는 왜 그렇게 생각했을까? 다른 사람들은 독서를 하지 않아도 간호대학을 졸업하고 간호사면허증을 취득한다. 오히려 책 읽을 시간에 교재를 보거나 의학용어를 하나 더 외우는 것이 학점을 높일 수 있을 것이라고 나도 생각했다.

학교 다니는 동안 나의 목표는 학점이 아니었다. 간호대학을 무사히 졸업하고 간호사면허증을 취득하는 것이었다. 꼴찌라도 상관이 없었다. 간호사면허증을 취득하는 것만이 나에게는 중요했다. 그래서 내가 학교공부에 매달리기보다는 독서를 할 수 있었던 것 같다.

독서를 하면서 나는 책이 좋아졌다. 처음에는 책 한 권도 읽기 힘들었던 내가 이제는 힘들이지 않고 책을 읽을 수가 있었다. 책에 쓰여 있는 글들이 외국어, 외계어가 아니라 이해되고 친숙해졌다.

더 놀라운 일은 전혀 기대도 하지 않았는데 높은 학점을 받았다. 학교에서 4.25 이상인 학생들을 대상으로 수여하는 '비슬상'도 받았다. 나는 전혀 생각도 하지 못한 놀라운 일이 일어난 것이었다. 내가 간호대학을 입학하고 내 마음이 힘들어 제일 먼저 한 것이 독서였다.

내가 전혀 생각하지도 못한 놀라운 결과에 내 입이 다물어지지 않았다. 1학년 1학기 기말고사를 보고 난 후 '나는 이제는 독서를 그만두고 열심히 공부해야겠다'라고 결심을 했다. 하지만 이런 놀라운 결과를 눈으로 보고 난 후 나는 다시 책을 집어들었다. 그 이후부터 나는 공부보다 독서가 먼저였다. 독서로 인한 여러 가지 보상들이 나를 더 적극적으로 독서를 하게 만들었다. 그 이후로 독서가 멈출 수 없는 일이 되어버렸다.

매일 책을 읽어야 하는 이유

매일 책을 읽으면 좋다는 것은 누구나 다 아는 사실이다. 그러나 책을 읽는 사람은 있어도 책을 매일 읽는 사람은 많지가 않다. 사람들의 대다수는 책을 꾸준히 읽지 않는다. 책을 많이 읽는다는 사람들도 매일 책을 읽지는 못한다. 보고 싶은 책이 있을 경우에만 몰아서 독서 하는 경우도 많다.

내가 아이를 키울 때, 아이에게 책을 읽어주면 유익한 점 많다는 이야기를 많이 들었다. 그래서 나는 아이를 위해 아낌없이 많은 책을 구입했다. 그러나 나를 위한 책 한 권 구입은 주저하고 아깝다는 생각을 많이 했다. 아이를 위해 구입한 책을 아이에게 읽어주는 그 순간 이 내 독서의 전부였다. 아이가 점점 자라면서 스스로 책을 읽기 시작하자 나는 더 이상 책을 읽지 않게 되었다. 그나마 아이 때문에 읽었던 동화책들조차 읽지 않는 사람이 된 것이다.

책을 읽지 않는 나는 무엇을 하며 시간을 보냈을까? 내가 해야 하는 일을 끝내놓고 나면 대부분 잠을 자며 시간을 허비했다. 잠을 자고 나도 끝없이 잠이 왔다. 건강검진을 했지만 나는 너무 건강했다. 쏟아지는 잠을 주체할 수가 없었다. 그 당시 나는 모든 것이 귀찮기만 했다. 무기력과 나태함에 빠져 하루하루를 견디는 마음으로 살았다. 내가 살아가는 삶에 대한 의미를 찾지 못했다. 무엇인가를 위해 열심히 산다고 해도 아무 의미가 없었다. 다만 내가 낳은 아이는 내가 책임지고 돌보며 키워야 한다는 생각만 했다. 아이가 유치원이나 학교에 갔다 오면 그때부터 아이가 잠들 때까지 아이를 돌보는 것이 내 생활의 전부였다. 아이가 성장하고 난 후에는 직장생활과 여행 다니는 재미에 빠져 살았다.

책을 읽는 것은 아이들이 성장하는 시기에만 하는 것이라고 생각을 했다. 성인이 되어 책을 읽는 사람은 주변에서 찾아보기 힘들었다. 내가 아는 책을 읽는 사람은 주로 남자들이었다. 남자들은 주로 자신의 직업을 위해 책을 읽는 것이라 여겼다.

나는 책과는 너무 먼 삶을 살아왔다. 아이를 키우면서 육아서조차도 읽은 적이 없다. 무식하면 용감하다고 하는데 내가 그런 사람이었다. 아이를 낳고 키우고 교육하는데도 아무런 지식도 없이 키우다 보니 다른 사람들의 말에만 귀를 기울였다.

책하고는 거리가 먼 삶을 살아온 내가 간호대학에 입학하면서 책 읽기를 시작한 것이다. 그동안 책을 읽지 않고 살아왔기 때문에 나에게는 책에 대한 고정관념이 존재하지 않았던 같다. 그냥 막연하게 '책은 읽으면 되지'라고 생각하고 독서를 시작했다. 이런 저런 고민 없이 단순하게 독서를 시작해버린 것이다.

그러나 책만 펼치면 눈이 스르륵 감기고 머리도 아프고 책을 그만 보고 싶다는 생각만 들었다. 책을 읽다 보면 책이 나를 읽는 것인지 내가 책을 읽는 것인지 모를 지경이었다. 그저 까만 것은 글씨요, 하얀 것은 종이였다.

너무 무리하게 책을 읽어서는 안 될 것 같았다. 그래서 매일 시간을 정해놓고 독서하기로 했다. 학교를 다녀오면 무조건 의자에 앉아 '10분 독서하기'부터 시작했다. 이후에는 무엇을 하든 무조건 10분 동안 꼭 독서를 했다. 다른 할 일은 못하게 되더라도 10분 독서는 실천했다. 왜냐하면 10분이니까. 10분은 부담 없는 시간이었다.

처음에는 10분이 한 시간처럼 느껴졌다. 책을 읽다가 시계를 보면 1~2분밖에 지나가지 않았다. 약속된 10분이 가까워지면 그때부터 허리도 아프고 엉덩이에서 좀이 쑤셨다. 학교에서는 수업시간이라 어쩔 수 없이 앉아있었는데 집에서까지 의자에 앉아 있으려니 너무 힘들었다. 학교 마치고 집에 돌아오면 아무것도 안 하고 편안하게 누워 쉬고 싶다는 생각밖에 없었다.

매일 10분이 어느새 1시간으로 독서시간으로 늘어났다. 매일 1시간씩 독서를 하니 책 읽는 속도도 빨라졌다. 이때부터 그냥 아무 책이나 읽기 시작했다. 도서관에 전시된 신간 중 만만하고 쉬워 보이는 책들로 빌려왔다. 시집도 빌려와서 읽었다.

매일 책을 읽다 보니 독서가 습관이 됐다. 학교 수업시간에 교수님이 강의하는 내용이 조금씩 내 귀에 들리기 시작했다. 처음에는 수업내용도 전혀 들리지 않고 구름 속에서 하는 말처럼 들렸다. 독서 덕분에 학교 수업에 대한 부담감도 조금씩 사라지게 되었다.

대학교의 여름방학은 길다. 6월 22일부터 8월 30일까지다. 기나긴 여름 방학이 너무나 반가웠다. 한 학기 동안 학교 다니느라 힘들었으니 여름방학 때는 아무것도 하지 않고 푹 쉬려 했다. 그래서 정말 여름 방학 동안에는 아무것도 하지 않았다.

학교 다니느라 하지 못했던 여행도 이곳저곳 다녔다. 편안한 낮잠도 즐기며 여름방학을 보냈다. 학교에 다니는 동안에 하지 않았던 요리도 했다. 학교 다니기 전에는 집안 살림이 귀찮기만 했는데 여름방학 동안에 다시 시작하니 재미가 있었다. 하지 못했던 여러 가지를 하느라 독서를 하지 못하게 되었다. 겨우 내가 잡아놓은 독서 습관인데 여름방학을 맞이해서 무너져버린 것이다. 이것만 해놓고 책을 읽어야지 하면 또 다른 일이 생기는 것이었다. 이렇게 여름방학 동안은 책을 읽지 못했다. 정신을 차려보니 어느새 2학기가 시작됐다.

여름방학 동안 흐트러진 독서 습관과 공부 습관을 다시 잡는 1달 동안 힘들었다. 힘든 과정을 겪고 난 후 다른 습관은 놓치더라도 독서 습관은 잃지 말아야겠다는 생각을 했다. 독서 습관만 잘 잡아놓으면 공부는 저절로 된다는 것을 지난 1학기 동안에 경험했기 때문이다. 이젠 시간을 정해놓고 하는 독서가 아닌 공부 중에 잠깐씩 틈나는 대로 책을 읽었다. 어떨 때는 책을 읽는 재미에 빠져 공부보다 독서만 한 적도 많아졌다. 나도 모르는 사이 책읽기는 내 생활의 일부가 되어버렸다.

책 읽는 습관을 잡았다가 나처럼 잠깐 한눈 파는 사이에 책 읽는 습관이 무너진 사람도 많다. 그런 사람들은 공통적으로 "나도 한때는 책을 많이 읽었는데, 요즘은 바빠서 못 읽어요. 이제는 책에 손이 안 가요"라고 말들을 한다. 독서는 매일 꾸준히 하는 것이 좋다. 아무리 좋은 음식도 한꺼번에 다 먹을 수는 없다. 책도 마찬가지다.

시외로 외출할 때 가방에 책 한 권을 챙겨 넣는다. 시내에 나갈 때는 내 눈에 보이는 간판이나 광고의 글을 읽는다. 버스 정류장이나 지하철역에는 좋은 글이나 시가 적힌 곳이 많다. 나는 거기에 써놓은 시나 글을 읽고 또 읽는다. 참 좋은 글과 시가 세상에 많다는 것을 알게 된다. 내가 책을 찾아가지 않아도 책이 나를 찾아와주어 고마웠다. 책 읽기 습관은 내 주변에서 보지 못했던 것들을 볼 수 있도록 장님 같은 나의 눈을 뜨게 해주었다.

습관은 성공으로 가는 열쇠다. 습관은 내가 무엇을 이룰 수 있는 저력을 가지고 있기 때문이다. "세 살 버릇 여든까지 간다"라는 옛 속담을 모두 알고 있다. 독서는 얼마든지 후천적으로 습관으로 만들어 즐길 수 있다. 책 읽기를 처음부터 잘하는 사람은 없다.

책을 읽을 수 있는 환경을 조성하는 것도 독서 습관을 잡는 좋은 방법이다. 내가 주로 활동하는 곳이나 내 눈에 잘 보이는 곳에 책을 놔두는 것이다. 책과 눈이 마주치는 순간 책의 마력에 빠져 나도 모르게 책을 읽게 된다.

독서 습관은 들이기까지는 힘들지만, 익숙해지면 저절로 굴러간다. 습관이 자리 잡는 동안 힘든 과정들이 있다. 하지만 나의 임계점을 넘어버리면 모든 것이 자연스럽다. 예전부터 내가 그런 사람이었던 것처럼 느껴진다. 내가 책을 읽는 것은 당연한 하루의 일상이 되어버린다. 오히려 책을 읽지 않는 일상이 더 어색하고 할 일을 하지 않은 것처럼 느껴질 때가 많아진다. 매일 책 읽는 습관으로 책을 읽는 즐거움을 누릴 수 있을 것이다.

책 한 권 읽기 진짜 어렵더라

'책 읽는 것이 좋다는 것은 아는데 왜 책을 읽지 않는 것일까?' 라고 질문하면 사람들은 이렇게 대답을 한다.

"책 읽는 것이 힘들어요."

"지난번에 읽고 싶은 책이 있어 책을 샀지만, 책 읽을 시간이 없어요."

"재미없어서 안 읽어요."

"책이 지루하고 너무 뻔한 이야기라 읽기 싫어요."

"책만 보면 잠이 와요."

"필요한 책만 읽어요."

이런 대답에 고개가 끄덕여질 것이다. 독서 습관이 생기기 전,

이 모든 대답의 주인공이 바로 나였다.

천 리 길도 한걸음부터라고 했다. 책 읽기 한 권을 성공하면 다음 책도 읽을 수 있는 사람이 된다. 책 읽기를 시작할 때는 작은 성취감을 맛보는 것이 아주 중요하다.

책 읽기를 처음 시작할 때는 얇고 쉬운 책부터 읽어야 한다. 책 읽기가 처음인 사람이 지나친 욕심과 자만심에 너무 두꺼운 책을 고른다면 몇 장 읽지 않고 바로 포기하고, 책은 나에게 어울리지 않는다 생각한다. 책 내용보다는 책 두께에 압도되어 시작도 하기 전에 포기하게 될 것이다.

입학해서 수업에 필요한 교재를 구입했다. '좌절 금지'라는 말도 있지만, 교재를 보는 순간 좌절한 것은 물론 바로 자퇴를 하고 싶어졌다. 아직 전공은 시작하지도 않았는데 벌써 책에 질려버렸다. 내가 간호대학교에 간다고 주변에 알리지만 않았어도 자퇴서를 썼을 것이다. 그나마 1학년 1학기는 교양과목들이 주를 이루어서 책 읽기를 시작할 수 있었다. 입학하자마자 간호학과 전공 책으로 바로 수업을 받았다면 한순간의 고민도 없이 뒤도 안 돌아보고 자퇴했을 것 같다.

당황스러운 마음을 가다듬고 내가 먼저 책과 친해져야 간호대학을 졸업할 수 있겠다 싶었다. 간호학과 공부를 위해 책과 친해지기로 한 것이다.

처음 책을 읽기 시작했을 때는 글보다 사진이나 그림이 많은 책을 읽었다. 운동에 관심 많아서 운동과 관련된 책도 읽어보았다. 운동하는 사진이 담긴 책을 읽으면서 운동하는 법과 자세 잡는 법에 대해 읽었다. 책에 나와 있는 사진들을 보면서 옆에 나와 있는 설명을 읽는 것이었다. 요리책도 읽었다. 요리법에 대한 설명을 보기보다는 요리된 사진을 보는 재미가 있었다. 여행책도 읽었다. 이것 또한 책 속에 담긴 이국적인 풍경들이 내 마음을 사로잡았다. 운동, 요리, 여행에 관한 책을 본 이유는 책하고 친해지기 위해서였다. 책을 읽기 전에는 이 모든 것을 유튜브로만 봤다. 하지만 책을 읽기 시작하면서 내가 관심이 있는 분야는 책으로 먼저 보기 시작했다.

내가 책 읽기를 시작하면서 힘들었던 세 가지를 정리해봤다.

첫 번째는 책만 펴면 몰려오는 졸음이었다. 처음에는 분명히 책을 읽고 있었는데 어느 순간 졸고 있는 나의 모습을 발견했다. 나는 잠들고 싶지 않았는데 책만 보면 무거워지는 눈꺼풀이었다. 쏟아지는 잠 때문에 어쩔 수 없이 책을 덮고는 누웠다. 하지만 막상 누우면 정신이 말똥말똥해지는 것이었다. 눕기 전까지 눈꺼풀이 떨어지지 않아 너무 힘들었는데 누우면 감쪽같이 눈이 떠졌다. 아마도 그동안 하지 않은 일이라 내 몸이 거부하는 것 같았다. 우리가 좋아하고 흥미로운 일에는 자다가도 벌떡 일어난다. 하지만 이제까지 하지 않은 일을 하려니 내 몸도 적응하는 시간이 필요한 것이었다.

두 번째는 책을 읽고 있다 보면 눈이 아팠다. 내 눈은 그동안 어딘가를 집중해서 오랫동안 본적이 없었다. 책을 읽다 보면 눈을 책에 너무 집중하게 된다. 평소에 사용하지 않는 눈 근육이 피로해진 것이다. 책을 열심히 잘 읽어보려는 욕심에 눈에 긴장을 너무 많이 한 것이다. 책을 읽으면서 잠깐씩 눈을 쉬어주어야 한다. 그리고 손으로 눈을 지압하고 따뜻한 손으로 눈 마사지해주는 것이 눈의 피로회복에 도움이 된다.

세 번째 머리가 너무 아팠다. 책을 읽는 동안 경험한 어려움 중 최고는 머리가 아픈 것이었다. 내 머릿속에 누군가 전류를 흐르게 한 것만 같았다. 두통과 머릿속의 찌릿함이 함께 한동안 지속되었다. 이런 증상을 겪게 되자 나는 온갖 질병을 상상하기 시작했다. 혹시 뇌종양은 아닐까 하는 생각이 들었다. 이제 대학을 다니기 시작했는데 뇌에 관련된 질병이 생겼으면 어떡하나. 그러면 이제 막 다니기 시작한 학교를 휴학해야 하는가에 대한 고민을 많이 했다. 하지만 내가 책을 읽지 않고 일상생활을 할 때는 괜찮았다. 이 증상은 책을 오래 읽거나 공부를 할 때 나타나는 증상이었다. 이것은 뇌의 신경세포가 자라면서 나타나는 현상이었다. 뉴런의 신경이 줄기를 쭉쭉 뻗어나가면서 두통과 전기의 흐름 같은 현상이 나타난 것이었다. 이것을 뇌의 가소성이라고 부른다.

우리가 책을 읽으면 우리의 뇌는 책 속에 있는 내용을 분류, 통합하고 정리해서 우리 뇌 속에 깊이 새겨놓는다. 그리고 우리가 필요할 때면 그곳에 있는 것들을 다시 꺼내어 쓸 수 있도록 한다. 사용하지 않는 근육을 처음 사용할 때처럼 우리 뇌 신경세포가 통증을 일으킨 것뿐이다.

책을 읽음으로써 뇌 신경세포가 활성화되고 나의 뇌가 건강해지고 기억력이 회복되는 것을 경험했다. 책 읽기를 시작하고 한 일년 정도는 내 머릿속에 전기뱀장어 한 마리가 돌아다니듯 했다. 우리의 육체는 나이가 들어가도 우리의 뇌는 늙지 않는다고 한다. 우리 뇌는 쓰면 쓸수록 더욱 성장한다고 한다. 책 읽기는 잠들어 있는 나의 뇌 신경세포를 깨우는 일이다.

가끔 아이들이 공부하지 않다가 공부를 시작할 때 머리가 깨질듯이 아프다고 말한다. 이것은 아주 긍정적인 뇌의 반응이다. 나의 잠자는 뇌가 깨어나는 중이라는 뜻이다. 공부를 시작하고 머리가 아프면 "역시 공부는 나하고 맞지 않는구나" 하고 공부에서 손을 놓아버린다. 우리의 뇌가 "ㅇㅇ이가 이제 공부를 하려고 하는구나. 뇌 신경세포를 활성화시켜 공부 할 준비를 하도록 하자"라고 명령하는 것이다. 공부를 시작하다 중간에 포기하면 우리의 뇌는 계속 준비운동만 하다가 끝나버린다.

나도 머리가 아프고 골치가 지끈지끈 아플 때마다 나의 뇌신경세포가 활성화되고 성장 중이라고 생각했다. 그러면 이러한 아픔들을 은근히 즐기게 된다.

이런 어려움으로 처음 책 한 권을 읽는 것이 가장 힘들었다. 책 내용에 대한 이해도 잘 되지가 않았다. 책과 내가 같은 공간에 있지만 서로 다른 것을 보는 것 같은 느낌이 들었다. 이러한 것들이 내가 책 읽는 양이 늘어나면서 이러한 느낌들이 사라져갔다. 책에서 내가 찾고자 하는 정보들을 점점 빠르게 찾을 수가 있게 되었다. 텅 빈 나의 지식의 창고들이 책을 읽고 차곡차곡 쌓다 보니 이제는 지식의 정보가 풍부해진 것이다.

책 읽기를 처음 시작할 때는 책을 완독하는 것에 대해 부담을 갖지 않아야 한다. 처음 책을 읽을 때 '이 책은 꼭 내가 다 읽고 말거야'라고 결심을 하는 것은 위험한 일이다. 나도 책을 읽으면서 읽기 힘든 책이나 나하고 맞지 않는 책은 과감하게 덮어버린다. 나에게 맞는 책을 찾아 다시 읽는다. 이러면 시간도 절약할 수 있다. 힘든 책을 붙잡고 있으면 책 읽기에 대한 자신감만 떨어질 뿐이다.

책을 완독하지 못했다는 죄책감은 버려야 한다. 이런 생각들이 우리가 독서를 꾸준하게 하지 못하게 가로막는 것이다. 아무리 중요하고 좋은 것이라도 억지로 하는 것은 고문이다. 그러다 보면 어느 순간 독서와 거리가 먼 삶을 살아가게 될 확률이 높다. 우리에게 불편함을 주는 일은 무의식적으로 거부하고 하기 싫어진다. 책 몇 권에 목표를 두지 말고 매일 책속의 글 한 줄이라도 읽겠다고 생각하고 행동하는 것이 중요하다. 모든 일은 편안해야 이루어지고 완성된다.

소크라테스가 이렇게 말했다. "다른 사람이 쓴 책을 읽는 일로 시간을 보내라. 다른 사람이 고생하면서 깨우친 것을 보고 쉽게 자신을 개선할 수 있다."

지금 바로 책 읽기를 시작하자!

껌딱지 자존감, 독서로 회복하다

나의 소원은 어디를 가든지 주목받지 않고 조용히 사는 것이었다. 자신을 누군가에게 드러낸다는 것은 너무 부끄러웠다. 다른 사람들은 무엇을 하든 칭찬받고 사람에게 둘러싸이는 것을 즐기는 모습이었다. 나는 그렇지 못했다. 사람들의 칭찬과 관심은 내 몸에 맞지 않는 옷을 입는 것 같았다.

초등학교 저학년 시절, 잊지 못하는 기억이 있다. 더운 여름 방안에서 놀고 있는데 라디오에서 아는 노래가 흘러나왔다. 내가 그 노래를 들으며 흥얼흥얼 노래를 불렀다. 옆에 내 노래를 듣고 계시던 고모가 "너 노래 진짜 잘 부른다. 아이쿠! 잘한다"라고 칭찬을 해주셨다. 보통 사람들의 반응은 칭찬을 받으면 더 잘하려 노력하는데 나는 그 반대였다. 다른 사람이 내 노래를 들었다는 사실에 더 놀랐다. 그래서 눈만 동그랗게 뜨고 가만히 있었다. 그 이후부터 나는 라디오에 나오는 음악도 잘 듣지 않고 노래도 부르지 않았다. 내가 부른 노래를 고모가 들었다는 것 하나만으로 귀와 입을 닫아버린 것이다. 자존감이 낮은 나는 이런 칭찬을 받아들이지 못하고 부끄러워 오히려 반대로 행동을 했다. 그 결과 성인이 되어서도 노래를 편안하게 부르지 못하게 되었다.

어릴 적, 자라면서 "너는 못생겼다. 못생겼으니 공부나 열심히 해라. 못생겨서 시집이나 가겠나"라는 말을 들었다. 이 말을 하는 사람은 이모였다. 나만 보면 "못 생겼다"고 말했다. 그 이야기를 들어도 엄마는 아무 말도 하지 않았다. 그래서 나는 내가 엄청 못생긴 사람이라고 알고 자랐다. 거울을 보는 것을 싫어했다. 아니 거울을 보는 것이 두려웠다.

누구도 나를 칭찬해주는 사람이 없었다. 칭찬이라고 할 수 있는 말은 '복덩이'뿐이다. 나를 만나 같이 일한 분들은 모두 나를 복덩이라고 불렀다. 우리 엄마조차 나를 복덩이라고 불렀다. 이 말을 들을 때면 복을 받기 위한 하나의 도구가 된 것 같은 느낌이 들었다. 남들에게는 복덩이가 되는 내가 왜 나에게는 복덩이라 되지 못한 것이었을까?

"이웃을 내 몸같이 사랑하라!" 나보다 남을 먼저 생각하는 사람이 착하고 좋은 사람이라는 생각을 했다. 나를 사랑하지 못해서 남을 도와주고 인정을 받으려고 했다. 내가 참기 힘들어도 남을 도와주는 것이 당연하다고 생각했다. 나보다 다른 사람들의 입장이 늘 먼저였다. 관계의 결말은 늘 비극이었다. 이런 관계를 지속하다가 내가 지쳐서 관계를 끝내버렸다. 잘해주고 혼자 상처받고 혼자 떠나버리는 것이다. 상대방은 나의 이런 모습에 당황하고 배신감을 느꼈을 것이다.

나를 먼저 사랑하지 못하고 아껴주지 못했다. 나를 믿지 못하고 다른 사람들의 말에 더 귀를 기울였다. "너는 왜 이것도 할 줄 모르냐"라고 남들과 비교하는 소리를 들어도 화가 나지 않았다. '내가 그렇지 별수 있겠어?'라는 마음이 들었다. 내가 가진 것보다는 남들이 가지 모든 것들이 부러웠다. 내가 가진 것은 아무것도 없다는 생각만 했다. 나의 무능력하다고 말하며 나를 구석으로 몰아넣었다.

내가 좋아하는 시가 있다. 바로 김춘수의 '꽃'이다. 시의 꽃처럼 나는 누군가가 나를 불러주기만을 기다렸다. 그 누군가로부터 인정을 받고 내 이름을 갖는 존재가 되려고 했다. 내 삶에 내 이름을 불러줄 누군가가 나타날 것이라는 생각으로 인생을 살아왔다. 오랜 세월이 흐른 뒤 나의 이름을 불러주는 사람이 내 곁에 다가왔다. 바로 책이었다. 책이 나를 온전히 사랑해줄 사람을 나에게 소개해주었다.

꽃

– 김춘수

내가 그의 이름을 불러 준 것처럼
나의 이 빛깔과 향기에 알맞은
누가 나의 이름을 불러 다오.
그에게로 가서 나도
그의 꽃이 되고 싶다.

우리들은 모두
무엇이 되고 싶다.
너는 나에게 나는 너에게
잊혀지지 않는 하나의 눈짓이 되고 싶다.

풀꽃

– 나태주

자세히 보아야 예쁘다
오래 보아야 사랑스럽다.
너도 그렇다.

'풀꽃'은 나태주 시인의 짧고 강한 시다. 이 시를 읽으면서 내가 갖고 있던 생각이 깨졌다. 그동안 나는 다른 사람이 나를 보아주고 인정해야 내가 된다고 생각했다. 이 시를 읽으면서 '너도 그렇다'라는 말에 내 심장이 '쿵' 하는 소리를 냈다. 나를 보고 하는 말이었다. '너도 그렇다, 너도 그렇다, 나도 그렇구나, 나도 예쁘구나'를 알았다.

오랜 세월 나를 채찍질하고 비하했다. 고통의 감정으로 에너지를 소비하며 세월을 보냈다. 그러다 보니 내가 무엇인가를 실천하고 행동할 에너지가 늘 부족했다. 계속된 자신에 대한 비난으로 인해 심리적으로 위축되어 자신감이 제로 상태가 되었다. 나의 일상은 긴장감과 불안함의 연속이었다. 이런 악순환의 연속이었다. 아무리 몸부림을 쳐도 빠져나올 수 없는 그물에 걸린 기분이었다. 이런 그물을 벗어나게 해준 것이 책이었다.

책은 나에게 말한다. '나 자신을 제일 먼저 사랑하라. 그리고 나 자신에게 가장 좋은 것을 주어라'고 한다. 온전히 나를 있는 그대로를 사랑해주는 사람은 바로 나였다. 세상에서 나만이 나를 있는 그대로 인정하는 사람이었다. 내 생각과 감정을 비판하지 않고 있는 그대로 인정하는 사람, 오늘도 잘했다고 칭찬해주는 사람도 나였다.

인생의 실패자라고 생각한 나에게 가장 소중한 사람을 소개해준 책이 나에게는 가장 큰 은인이다. 책 읽기를 한 덕분에 나는 나를 오늘도 있는 그대로 사랑한다. 나는 내가 자랑스럽다. 이제 나는 다른 사람이 아닌 나 자신에게 복덩이다.

책을 통해 시작된 나의 삶

내 삶은 다른 사람들처럼 열심히 치열하게 살아오지 않았다. 주어진 일에 대해 성실하게 일하는 한 사람이었다. 일할 때, 내 마음에 열정 따위는 없었다. 내가 해야 할 일이니까 할 뿐이었다. 일을 그만두고 싶다는 생각만 늘 했다. 그 이유는 내가 원해서 선택한 삶이 아니었기 때문인 것 같다.

책 읽기를 하면서 진지하게 나를 뒤돌아보기 시작했다. '나는 누구인가?, 내 인생은 어쩌다 이렇게 되었을까?' 하는 질문들이 하나씩 생겼다. 책을 읽기 전에는 생각하지 않았던 질문들이다. 인생에 대해 무슨 생각이 필요한가. 그냥 살면 되지 않는가. 어떻게 살 것인가에 대해 고민한다고 떡이 나오나 밥이 나오나, 골치만 아프다. 사람은 착하고 성실하게 살면 되는 것만 생각했다. 힘들게 살지 말고 편하게 살고 싶다는 마음뿐이었다.

책 읽기를 시작하면서 내가 살아온 삶에 대해 뒤돌아보게 되었다. 나는 항상 젊고 시간은 내 편인 줄 알았다. 내가 정신을 차리고 눈을 떠보니 내 나이 쉰이 됐다. 주위를 둘러보니 다른 사람들은 인생의 후반기를 준비하고 있었다. 자신들의 분야에서 경력을 쌓고, 열심히 살아가고 있었다.

가진 것도, 이룬 것도 없었다. 노후를 위해 준비해 놓은 것조차 없었다. 너무 나의 인생을 대책 없이 그냥 주어진 대로 살아온 것이었다. 삶에 대한 주관적인 가치관이 없다니 귀가 얇았다. 이런저런 남의 말만 듣고 살아온 삶이었다. 세월이 흐른 뒤에는 내 손에 남아 있는 것이 아무것도 없었다. 하나둘씩 빠져나간 돈과 시간은 바람처럼 사라져버렸다. 내가 왜 그렇게 살았을까 후회해도 지나온 세월은 되돌릴 수가 없었다.

'너 자신을 알라.' 소크라테스의 이 명언을 모르는 사람은 없다. 우리가 귀가 따갑게 들었던 명언이다. 소크라테스는 나의 빛나는 삶을 위해서는 먼저 나 자신을 아는 것이 중요다고 말했다. 제일 먼저 내가 누구인지를 알아야 나의 문제를 찾고 해결할 수가 있다. 내가 알고 있는 것은 무엇이고 내가 모르는 것은 무엇인지 그것을 찾는 것이다.

내가 나를 모르는데 다른 사람들 또한 나를 제대로 알 수는 없다. 나 또한 그 사람에 대해서 잘 안다고 생각한 적이 많다. 하지만 어느 순간 그 사람은 내가 전에 알던 그 사람이 아닌 경우가 많았다. 나도 그렇지만 다른 사람들을 제대로 알지 못한다. 어제 알던 내가 오늘은 다른 내가 되어있다. 우리의 모든 것은 날마다 변화한다. 변화하지 않는 것은 없다. 책을 읽기 전에는 영원한 사랑, 변화하지 않는 마음이 있다고 생각했다.

모든 것은 변화한다. 곧 이 말은 누구나 변화할 수 있다는 것이다. 나의 과거가 어떠했던 중요하지 않다는 것이다. 내가 가지고 있는 자신에 대한 고정관념을 하나씩 지워가면 된다. 그리고 새롭게 나를 내가 원하는 모습으로 만들어나가면 되는 것이다.

무엇인가 새로운 것을 시도하려면 너무 무섭고 두려웠다. 이러한 두려움에 벗어나기 위해 하는 것이 아무것도 하지 않는 것이었다. 책을 읽기 전에는 오직 나만 두려움을 가지 나약한 존재로만 여겼다. 나 자신을 나약하고 쓸모없다고 생각했다. 나만 빼고 주위의 모든 사람들이 아무런 두려움 없이 사는 줄로만 알았다.

두려움은 인류의 가장 오래된 감정이며, 미지의 것에 대한 강력한 공포다. 두려움이 처음에는 작은 것인 불안에서부터 시작한다. 그러다 어느 순간 그 불안 요소가 커지며 공포가 되는 것이다. 그 중에서 가장 많이 알려진 것이 공황장애다.

공황장애란 특별한 위협을 느낄 만한 상황이 아닌데도 우리 몸이 극도의 공포상태로 몰아넣는 것이다. 실제로 위험한 상황에서 불안은 우리 스스로 지키고 보호할 수 있도록 도와준다. 굉장히 위험한 상황에서 불안감을 느끼지 않는다면 우리는 다치거나 생명이 위험해질 수 있다. 이렇듯 우리의 마음속에서 일어나는 불안은 우리를 위험으로부터 안전하게 보호하는 것이다.

사람마다 이런 불안감을 해소하기 위해 각각의 방법을 시도한다. 그러나 우리가 불안감을 바르게 해소하지 못하면 일상적인 활동을 힘들어진다. 이런 상황들이 계속되면 삶에서 어떤 희망도 느끼지 못하게 된다. 시간이 지나면 우울증에 빠지거나, 술 또는 신경안정제에 의존하거나, 극단적인 선택을 하는 것이다.

찰스 두히그(Charles Duhigg)의 《습관의 힘》을 읽으면서 내가 가진 습관에 대해 생각해 보게 되었다. 그 당시 나는 만성위염과 불면증이 있었다. 내가 커피를 즐겨 마시다 보니 위염이 생겼고, 밤에는 숙면을 취하지 못했다. 속이 쓰리고 아프면 커피를 며칠 자제했다가 나아지면 커피를 다시 마셨다. 커피의 향이나 맛을 즐기기 위해 내가 커피를 마신다고 생각했다.

《습관의 힘》을 통해 내가 커피를 지나치게 많이 마시는 이유를 알게 되었다. 그것은 긴장감과 불안이었다. 긴장감과 불안을 해소하기 위한 다른 방법들이 너무나 많은데 가장 쉽게 할 수 있는 것은 커피였다. 갑작스럽게 찾아오는 긴장감은 가슴이 답답해지고 숨이 쉬기 힘들었다. 이럴 때는 달콤한 커피믹스나 카페모카를 마셨다. 내 마음이 이유 없이 무너져 내릴 것 같을 때는 연거푸 2~3잔을 마신다. 이게 얼마나 된다고 나보다 많이 마신다고 하는 사람들도 있을 것이다. 하지만 카페인이 미치는 영향은 개인마다 모두 다르다,

이렇게 커피를 마신 날에는 잠을 잘 수가 없었다. 잠을 자려고 누우면 내 심장이 뛰는 쿵쿵 소리가 아주 크게 들린다. 잠이 안 오면 다른 것을 하면 되지 무슨 걱정이냐 할 수도 있다. 너무나 심하게 흥분해서 나대는 내 심장은 나를 편히 쉬지 못하게 만들었다.

아침이 오면 제대로 잠을 못 자 피곤함을 느꼈다. 피곤함에 오늘을 잘 보내지 못하고 수업시간에 졸 것이라는 걱정이 앞섰다. 그러면 다시 연달아 커피를 마셨다.

책을 읽기 전에는 나의 이런 행동들이 이해가 되지 않았다. 오히려 나를 비난했다. 커피를 마시는 행동에 대해서만 비난하는 것이 아니었다. 나의 모든 것을 비난하는 것이 문제였다. 주위의 사람들은 나를 커피를 좋아하는 사람으로 생각했다. 나의 행동에 대해 아무도 문제를 제기하거나 비난하지 않았다.

《습관의 힘》을 통해 커피를 과하게 마시는 원인을 찾게 된 것이다. 그 원인을 알게 된 이후로는 과하게 커피를 마시는 일이 훨씬 줄어들었다. 그리고 나를 비난하는 것을 멈추게 되었다. 비난하는 일이 줄어들자 불안감과 긴장감도 훨씬 줄어들게 되었다.

내가 가진 문제와 그 결과에 집중할 때는 온갖 부정적인 생각만

가득하다. 하지만 그 원인을 알고 해결해 나가는 과정에서 자신에 대한 긍정적인 생각을 하기 시작했다. 문제가 생기면 그 원인을 찾고 해결해 나가면 되는 것이다. 문제에만 집중하다보면, 해결되지 않고 시간과 돈을 낭비하게 된다.

이것을 통해 나는 문제를 해결하는 방법을 깨닫게 되었다. 이제는 문제가 생기면 어떻게 해결할 것인가에 집중하게 되었다. 문제 해결을 생각하다 보니 갑자기 내 인생이 재미있어졌다. 오늘은 어떤 문제를 해결할까 하는 생각으로 하루를 보내기도 했다. 세상에는 스스로 해결하지 못할 문제는 없는 것이다.

힘든 상황을 마주한 우리는 문제를 해결하고, 내가 원하는 것을 얻을 수 있는 충분한 능력이 있다. 가족, 친구, 이웃, 내가 나에게 하는 부정적인 말에 귀를 기울일 필요가 없다. 우리는 부족하고 나약하며 무능한 사람이 아니다. 우리가 그 문제를 다루는 방법을 몰랐을 뿐이다. 우리는 얼마든지 그 방법을 배울 수 있다. 이것은 다른 사람이 할 수 있는 것이 아니다. 바로 자신이 할 수 있다. 당신은 더 잘할 수 있다.

공부를 위해 독서 먼저

2016년 3월 계명문화대학교 간호학과에 입학했다. 신입생, 새 출발은 기대감과 설렘이 넘치고 모든 것이 희망이 넘치는 시간이다. 이런 설렘이 첫 수업을 들으면서 현실을 깨닫게 되었다.

첫 강의가 시작되고 수업을 듣고 있지만, 머릿속은 그냥 멍한 생각뿐이었다. 열심히 강의하시는 교수님들의 얼굴만 바라볼 뿐이었다.

'오늘 점심은 뭐 먹을까? 학식이냐, 아니면 학교 밖 식당에서 밥을 먹을까?' 수업시간에 오늘 뭐 먹을지 고민하고 있었다. 하루의 수업을 마치고 집에 돌아오면 긴장이 풀려 뻗어버렸다. 간호대학의 목표가 좋은 성적을 받는 것은 아니었다. 대학교 생활에 적응하는 것이 내 목표였다. 만약에 1학기 동안 시도해보고 맞지 않으면 대학교를 그만두기로 했다.

'내가 간호사가 되어서 무슨 부귀영화를 보려고 사서 고생을 하는지 모르겠네.'

'돈 내고 사서 고생을 하는구나. 이것은 미친 짓이야!'

간호학과에 입학했지만, 간호학을 공부하기 위한 기초지식이 너무 부족했다. 마음만 앞섰지 간호학을 배우기 위해서 알아야 하는 기초지식들이 없다 보니 수업시간이 더 힘들게 느껴졌다.

"생물에 대한 이해나 기초가 부족한 학생들은 고등학교 생물을 한 번 더 공부하고 오세요. 수업 진도를 나가야 해서 모두 설명을 할 수가 없습니다."

교수님은 생물이 간호학의 기초가 시작되는 과목이라 중요하다고 설명했다. 생물이라는 단어를 들으면 고등학교 때 배운 생물이 떠오를 것이다. 교수님은 간호학과에서 생물의 중요성을 수업시간마다 강조하셨다.

'생물은 싱싱함이 관건이지, 생물 하니까 회가 먹고 싶네. 회는 부산 다대포 초장집, 거제도나 통영의 회가 진짜 맛있는데….'

내가 생각하는 생물은 싱싱한 생선, 회만 생각이 났다. 수업시간에 집중할 수 없었다. 머릿속은 바닷가, 아쿠아리움, 회, 공판장 이런 연관 단어들만 떠올랐다. 집중력이 바닥이라 몸은 강의실에 앉아 있지만, 머릿속은 전국을 여행했다.

전공하는 학과에 대한 기초지식, 집중력 부족은 간호대학 입학에 대한 후회로 연결됐다. 하지만 돌아갈 수는 없었다. 간호대학에 입학한다는 소식을 듣고 축하해주고 응원해준 사람들이 생각이 났다. 1학년 1학기 동안은 일단 열심히 부딪혀보고 달려보기로 했다.

학교의 책들은 보기만 해도 질려버렸다. 수업시간에만 딱 펼쳐지는 책이다. 학교를 다니기 위해서 제일 먼저 해야 할 일은 책과 친해지는 것 같았다.

아이를 키우면서 생긴 나만의 양육 노하우는 아이에게 강요하지 않는 것이었다. 아이가 그것을 하고 싶은 마음이 들도록 분위기만 조성해주면 되었다. 그러면 아이는 자연스럽게 내가 기대했던 행동을 했다.

우리 아이는 6살 때 한글 공부를 시작했다. 6살 유치원에 입학할 당시 자기 이름만 쓸 줄 알았다. 아이에게 책을 읽어주고 아이랑 함께 놀아주는 것이 모든 것이었다.

어느 날 아이가 나에게 말했다.

"엄마, 나도 한글 배우고 싶어요."

"왜?"

"엄마, 친구들은 모두 한글을 잘해요. 나도 친구들처럼 읽고 쓰고 싶어요."

아이가 원하는 한글과 수학 공부를 하게 해주었다. 아이가 원해서 한 공부이다 보니 실력은 아주 빠르게 늘었다. 아이에게는 무엇이든 강요하지 않고 아이가 원하는 것이 될 때 결과물은 대단하다는 것을 아이를 키우면서 습득한 것이다.

아이가 중학교 3학년 2학기 때 중국어를 배우기 시작했다. 중국어를 어떻게 공부시켜야 하나 고민이 많았다. 길가에 붙여 놓은 눈높이 학습지 중국어 전단지를 보았다. 중국어에 대한 상담을 했다. 학습지 선생님은 중학생이니까, 중학생 과정을 한다고 했다. 나는 유치부 과정을 요구했다. 유치부 교재는 스티커 붙이고 단어도 몇 개 되지 않아 아이에게 부담이 되지 않을 것 같았다. 그리고 선생님에게 중국어 교재나 공부 많이 하지 않았다고 혼내지 말 것을 당부했다. 잘 안 되는 부분은 계속 복습해줄 것을 부탁드렸다. 이렇게 시작한 중국어를 고등학교 졸업을 할 때까지 했다. 그것도 유치부 교재로 말이다. 이때 배운 중국어로 우리 아이는 중어중문학과를 전공했다.

아이가 영어와 중국어 2개 국어를 한다는 사실을 아는 지인들은 어떻게 공부시켰냐고 묻는다. 그럴 때마다 내가 특별히 시킨 것은 없고 아이가 스스로 다 했다고 말한다.

내가 아이에게 강요한 교육들은 좋은 결과로 이어지지 못했다. 오히려 역효과만 생겼다. 아이가 스스로 하는 것에는 좋은 결과가 있었다.

아이를 키우면서 습득한 지식과 경험을 바탕을 나에게 적용해 보기로 했다. 공부하는 뇌를 만들어야 내가 자연스럽게 공부를 하고 있을 것 같았다. 공부하는 뇌를 만들기 위한 다음과 같은 두 가지의 목표를 정했다.

첫째, 책과 친해지기

공부하기 위해서는 먼저 책과 친숙해져야 한다. 아무리 재미있고 유익한 내용이 책에 있다고 해도 책하고 친숙하지 않으면 읽지 않는다. 책을 보는 즐거움을 알아야 어떠한 책이라도 읽어보겠다는 생각을 하게 된다. 우리 뇌는 낯선 것을 좋아하지 않는다. 낯선 것이 익숙한 내 일부가 되어야 한다. 책을 읽는다는 것이 처음에는 힘들었는데 어느 저도 시간이 지나니 자연스러운 일상이 되어 갔다. 어느 순간 책이 나와 늘 함께 생활하는 존재가 되었다.

둘째, 글자와 친해지기

글자와 친해지기는 글을 처음 배우는 아이들이 한 글을 배우기 시작할 때 많이 사용한다. 성인이 된 나도 어린 아이들처럼 처음 글자를 배우는 마음으로 글자와 친해지기로 했다. 왜 글자와 친해지기로 했을까. 수업시간에 강의를 들으면서 느꼈던 것은 글이나 말은 한국말이지만 나에게 말이나 글에 대한 이해나 느낌이 내게 닿지 않았다는 것이다. 우리가 영어를 배울 때 단어를 듣기는 들어도 듣지 못하는, 보기는 보아도 보지 못하는 그런 상황과 비슷했다.

내가 원하는 목표를 이루기 위해 책을 읽기 시작한 것이다. 다른 때 같았으면 책을 읽다가 중단했을 것이다. 학교는 내가 책을 읽어야 한다고 나를 기다려주지 않는다. 내가 해야 할 과제를 기한 내에 제출하고 시험도 봐야 했다. 원하는 목표를 정해놓으니 지속적으로 책을 읽을 수 있었다.

책 읽는 기간이 한 달 두 달이 지나가자 점점 수업내용이 내 귀에 들려왔다. '그런 뜻이구나. 아하! 그렇구나' 등 감탄하는 순간들이 많아지게 되었다. 책 읽기로 인해 강의도 편안하고 여유를 가지고 듣게 되었다. 더 많은 것을 배우고 공부하고 싶다는 마음이 서서히 들기 시작했다.

나이 오십에 시작한 책 읽기

"책을 읽는 즐거움과 재미, 책을 읽음으로써 느끼는 마음의 위로입니다."

"내가 알고 싶은 주제가 있거나 배울 것이 있을 때 읽어요."

"배울 것이 있거나 궁금한 것이 있을 때 읽어요."

"나에게 필요한 책은 아무리 비싸도 꼭 구입해서 읽어요."

사람들에게 왜 책을 읽느냐는 질문을 지인들에게 던져 봤다. 많은 사람이 이렇게 대답했다. 책을 읽는 이유가 재미와 즐거움, 유익함이 있을 때 책을 읽는다고 한다. 재미와 즐거움은 자기 일을 꾸준하게 오랫동안 유지하는 힘이 된다. 우리가 유튜브나 게임을 하는 이유도 이와 같다. 사실 책 한 시간 읽는 것보다 유튜브나 게임을 세 시간 하는 것이 시간이 훨씬 더 짧게 느껴진다.

우리의 뇌는 힘들고 괴로운 것보다는 쾌락을 선호하기 때문이다. 우리의 뇌는 쾌락과 즐거움은 배우지 않아도 저절로 습득하게 된다. 스마트폰, 알코올, 마약 등과 같은 것에 익숙해지면 우리 뇌는 더 큰 쾌락의 보상을 받기를 원한다. 그러다보니 중독에 빠지게 된다.

책을 읽는 것은 선천적으로 형성되어 있지 않다. 다른 말로 하면 후천적으로 노력을 해야 얻을 수 있다는 말이다. 반대로 생각하면 책 읽는 습관을 들이면 누구나 책 읽는 사람이 될 수 있다.

책을 읽으면서 책 속에서 수많은 다양한 사람을 만날 수 있다. 책 속에서 만나는 사람들은 현재 사람들뿐만 아니라 과거 심지어 몇천 년 전에 살았던 사람들도 만날 수 있다.

내가 책을 읽으면서 제일 처음 만난 사람은 '오디세우스'다. 〈독서와 인생〉이라는 수업을 통해서 만나게 된 그리스 고대 문학작품 《오디세이아》는 호메로스(Homeros)에 의해 쓰여진 작품이다. 오디세우스에 대한 이야기는 아이가 보는 만화책을 통해서 읽은 기억밖에 없었다. 만화가 아닌 원작으로 만난 오디세우스는 그동안 내가 알고 있던 사람이 아니었다.

오디세우스는 트로이전쟁에 참가해서 전쟁을 승리로 이끌었지만 고향으로 돌아오지 못했다. 고향으로 돌아오기 위해 겪는 수많은 고난, 시련을 싸우고 이겨나가는 모습들이 묘사되어 있다.

《오디세이아》를 읽으면서 내 인생이 부끄러웠다. 나는 내 삶에서 힘들고 어려운 일이 생기면 다른 사람들에게 맡기고 뒤로 숨어 버리는 행동을 했다. 내 삶을 반성하게 되었고 문제가 생기면 피하지 않고 지혜롭게 해결해야겠다고 결심을 하는 계기가 되었다.

《나는 간호사, 사람입니다》는 김현아 간호사가 쓴 책이다. 저자는 2015년 메르스 사태 때 '간호사의 편지'로 전국을 감동케 한 주인공이다. 편지는 〈저승까지 물고 늘어지겠습니다. 내 환자에게는 메르스 못 오게〉라는 제목으로 2015년 6월 12일 중앙일보 1면에 실렸다.

이 책을 읽고 난 후 아무도 알아주지 않아도 환자들의 간호를 위해 묵묵히 열심히 달려가는 간호사들의 모습이 무척이나 존경스럽다는 생각을 하게 되었다. 간호사의 삶이 내가 생각하는 이상적인 모습만 있는 것이 아닌 현실적인 간호사들을 삶을 볼 수 있었다. 그리고 내가 선택한 간호사 직업에 대한 신념을 세우도록 도와주었다.

이외에도 책에서 수많은 사람의 사랑과 슬픔, 고통, 희망, 행복을 만났다. 책 읽기를 하면서 내가 나만의 세상에 갇혀서, 세상을 너무 작게만 보고 살았다는 것을 알았다. 세상은 넓고 나와 같이 똑같은 생각과 행동을 사람은 없다는 것이다. 책 읽기를 함으로써 다른 사람들을 이해하고 그들의 이야기에 진심으로 공감해줄 수 있었다.

2017년 8월 5일 나의 엄마가 이 세상과 이별을 했다. 이별은 너무나 갑작스러웠다. 누구도 전혀 예상하지 못했기 때문이다. 평소 지병이나 어떤 이상 징후도 전혀 있지 않았다. 엄마의 죽음이 믿기지 않았고 도저히 받아들여지지 않았다. 장례식에서도 눈물이 나오지 않았다. 이건 꿈이라는 생각밖에 들지 않았다. 인정하고 싶지 않았다.

엄마의 죽음 이후 8개월이 지난 2018년 4월 아버지도 세상을 떠났다. 아버지의 죽음 또한 예상하지 못한 죽음이었다. 두 분 다 우리에게 아무 말도 없이 떠나간 것이다.

부모님의 갑작스러운 죽음 이후 나는 아무것도 할 수가 없었다. 그 어떤 것도 손에 잡히지 않았다. 장례식 때는 눈물이 나지 않았는데 시간이 지나면서 자꾸만 눈물만 흘렀다. 낮에는 학교를 가거나 병원 실습을 나가서 잠시 잊었다. 그러나 밤이 되면 부모님 생각이 났다.

간호대학교 4학년은 긴장을 늦추지 말고 학업에 매진해야 하는 시기였다. 2020년 1월에 있을 간호사면허시험 준비도 미리 해야 하고 취업도 신경 써야 하는 시기다. 부모님이 돌아가신 이후 그나마 버티던 힘이 모두 소진된 듯했다. 공부하기 위해 책만 펼치면 눈알이 빠질 듯 아프고 두통에 시달렸다.

우울증과 외로움이 나를 찾아왔다. 한동안 잊었고, 나에게는 이제 없다고 생각한 단어들이다. 하지만 우울증은 날마다 죽음을 생각하게 했고, 혼자라는 외로움은 내가 비참하게 버려진 것만 같았다.

간호대학 4학년에 공부를 완전히 포기했다. 일단 내가 살아야겠다는 생각을 했다. 내가 살기 위해 책만 읽기로 했다. 그 어떤 것도 신경을 쓰지 않기로 했다. 내가 먼저 살아야 다음을 생각할 수 있다는 생각이 들었기 때문이다.

나에게 있어 책은 우울증 치료제였고 친구였다. 오직 내가 유일하게 할 수 있는 일은 책 읽기밖에 없었다. 우울한 생각이나 나쁜 생각이 들 때면 책을 읽었다. 책을 읽다 보니 점점 우울증과 외로움은 내 마음에서 서서히 사라져갔다.

샐리 티스데일(Sallie Tisdale)의 《인생의 마지막 순간에서》라는 책을 읽었다. 죽음과 죽어감에 관한 실질적 조언에 관한 이야기였다. 실습하면서 만난 환자들의 죽음, 부모님의 죽음을 겪었다. 부모님의 죽음에 대한 죄책감이 나를 놓아주지 않았다. 조금만 더 잘할 걸 하는 후회가 늘 내 마음을 짓누르고 있었다. 이러한 감정에 대한 마음의 해결이 필요했다.

책을 읽고 난 후 호스피스 전문 간호사로 16년간 계명대학교 동산병원에서 근무한 곽수영 교수님에게 면담을 요청했다. 다행히 교수님이 흔쾌히 허락해주셔서 죽음에 관한 이야기를 듣게 되었다. 교수님은 지난 16년간 1년에 약 500여 명 정도 환자들의 죽음을 지켜봤다고 한다. 처음에는 죽음을 지켜보는 것에 대한 무력감과 두려움이 많았다고 했다. 특히 호스피스 간호사는 죽음에 대한 자기만의 정체성이나 개념이 없다면 많이 힘든 일이라고 했다. 교수님을 만나 죽음과 사랑하는 이를 잃은 슬픔에 관한 이야기를 나누었다. 교수님은 좋은 죽음이란 "지금 현재를 잘 살아가는 것이 가장 좋은 죽음을 맞이하는 방법"이라고 말씀을 하셨다.

《인생의 마지막 순간에서》를 읽고 죽음에 관한 이야기를 나누었다. 그동안 내가 느꼈던 죽음과 죽어감에 대한 당황스럽고 힘들었던 내 마음이 치유를 받고 마음이 자유로워졌다. 나 또한 좋은 죽음을 맞이하기 위해서는 지금 현재를 잘 살아내야 한다. 예전에 나는 죽음에 대해 생각하면서 한편으로는 죽음을 두려워했다. 이제는 죽음을 두려워하지 않는다. 죽음이란 것도 내 인생의 일부라는 생각을 한다. 죽음에 대해서 부정적인 생각보다 긍정적인 면을 바라보기 시작했다. 죽음은 우리의 삶의 과정 중 하나일 뿐이라는 것이다. 책 읽기를 하면서 다양한 사람들을 만나게 되고 내가 고민하고 힘들었던 것을 해결할 수 있었다. 그리고 나는 한 발자국 더 성장한 것이다.

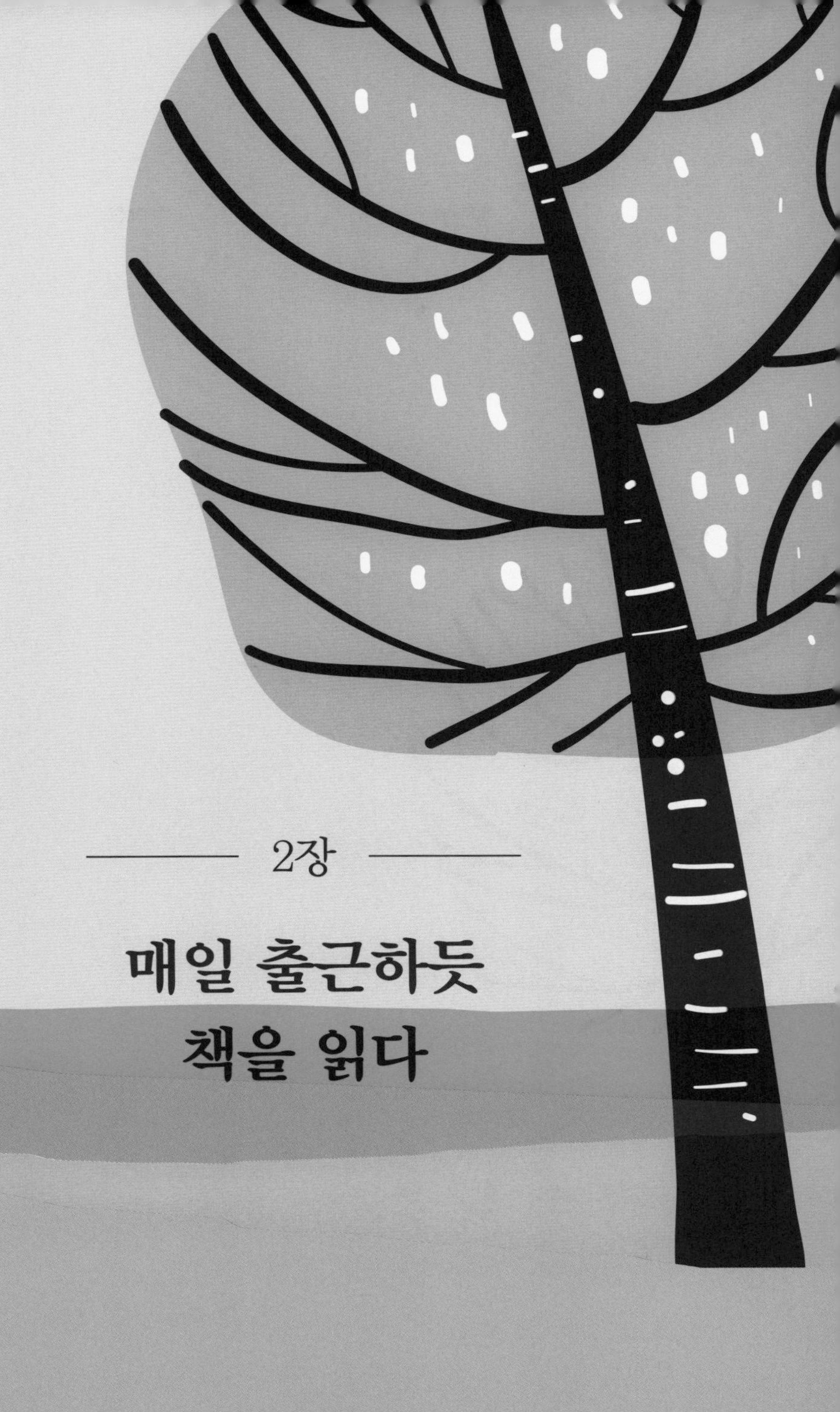

2장

매일 출근하듯 책을 읽다

매일 출근하듯 책을 읽다

직장을 다니거나 학교에 다니는 일은 매일 해야 한다. 우리가 직장을 다닐 때 무단으로 결근을 하면 직장을 그만두어야 한다. 책 읽기는 직장에 출근하듯이 하는 것은 힘들다. 하지만 책 읽기는 우리가 마음만 먹으면 책 읽기를 시작하거나 그만둘 수 있다.

책 읽기를 처음 시작할 때는 매일 책을 읽겠다는 생각은 전혀 하지 않았다. 시간의 여유가 있거나 심심할 때 '책 한번 읽어봐야지'라고 생각했다. 예전에 교회에서 SKY대학에 입학한 사람들이나 성공한 사람들의 간증을 들은 적이 있다. 간증을 들은 이야기 중 가장 기억에 남는 것이 있다. "공부하기 전 성경책 한 장씩을 꼭 읽었어요" 하는 말이었다.

나는 성경책 대신 책을 읽었다. 성경책을 내 공부를 위한 수단으로 사용하려니 마음이 썩 내키지 않았다. 책은 이런 부담감이 없고 편안했다. 가볍게 읽다가 지겨우면 언제든지 덮으면 되었다.

공부를 하기 전 책을 먼저 읽으니 부산스러운 마음이 정리되고, 공부해야 한다는 압박감에 벗어날 수 있었다. 공부에 대한 부담감이 적어지니 공부하는 것이 재미있어졌다.

아침에 눈을 뜨면 책을 읽고 학교에서 집으로 돌아오면 책을 읽었다. 어느 순간 나는 매일 책을 읽는 사람이 되었다. 책을 읽는데 있어 시간과 장소를 특별히 정하지 않았다. 다만 책은 항상 책상 위에 놔두었다. 침대나 다른 곳에 두면 책을 읽다가 다른 것을 했다. 내가 책을 읽는 목적은 책상에 앉아 공부하는 습관을 들이기 위한 것이었다. 일부러 다른 곳에는 책을 두지 않았다.

공부도, 책 읽기도 벼락치기로는 완성되지 않는다. 벼락치기로 한 공부는 시험을 보는 그 순간만 기억이 나고 그 이후에는 기억이 나지 않는다. 책 읽기도 마찬가지다. 한 번 읽고 끝낼 것이 아니다. 책 읽기를 습관화하려면 매일 꾸준하게 하는 것이 중요하다. 하루에 한 장씩이라도 쉬지 않고 읽다 보면 어느새 책 읽기가 습관이 된다.

우리가 어떻게 매일 책을 읽을 수 있을까?

"책을 매일 읽는 것은 책 읽기를 잘하는 사람들이나 작가들이나 하는 것 아니에요."

"매일 책을 읽는 것은 불가능하죠."

"바빠서 책을 읽을 시간이 없어요."

다 맞는 말이다. 미국 자동차 왕, 헨리 포드(Henry Ford)의 명언 중에 이런 말이 있다.

"할 수 있다고 믿든, 할 수 없다고 믿는 당신은 항상 옳다."

당신이 어떤 선택을 하든 당신의 선택은 옳은 것이다. 내가 원하고 선택해서 믿는 것은 그 어떤 것이라도 진실이다.

누구나 책을 읽을 시간은 없다. 책을 읽지 않더라도 우리에게는 해야 하는 일들이 넘쳐난다. 하지만 우리가 좋아하는 일이 생기면 바로 이것이 내가 해야 할 가장 중요한 일이 되는 것이다.

매일 책을 읽으면서 얻은 유익함을 간략하게 네 가지로 정리해 보았다.

첫째, 기억력이 좋아진다.

처음 학교에 입학했을 때 나의 기억력은 금붕어와 비교될 정도였다. 교수님이 과제에 대한 설명을 하시면 들으면서 메모를 했다. 제출해야 할 과제에 대한 날짜와 제목은 적어놓고 내용이 기억나지 않을 때가 종종 있었다. 과 단톡방에 반대표가 과제에 대한 내용을 올려주면 그제야 과제가 있다는 것을 알게 되기도 했다. 시험을 위해 공부를 한다고 몇 시간이고 앉아서 외우지만, 전혀 기억이 나지 않았다. 한강 물에 돌을 던지는 기분이 들었다.

책 읽기를 시작하고 시간이 지나자 기억력이 좋아지기 시작했다. 어느새 과 동기들이 기억하는 것보다 내가 기억하는 것이 더 정확한 경우가 많아지기 시작했다. 공부할 때도 시간과 노력을 많이 들이지 않아도 되었다. 훨씬 시간의 여유가 많이 생겨서 책 읽기에 집중할 수 있었다.

둘째, 집중력이 높아진다.

'책을 읽는데 왜 집중력이 높아질까?' 하는 생각이 들 것이다. 책은 가볍게 읽고 덮을 수 있는 가십거리가 담겨있지 않다. 책은 읽으면서 생각을 하게 된다. 왜?, 어떻게? 사이를 왔다 갔다 하게 된다.

책을 읽는 동안 집중하지 않으면 책의 내용이나 흐름이 끊어진다. 집중했을 때 책의 흐름을 빠르게 잡을 수 있다 보니 집중력이 높아지는 것이다.

셋째, 행동하는 삶이 된다.

처음에는 책만 읽었다. 책을 읽고 난 후에 바로 덮었다. 그런데 어느 순간 책을 읽고 나서 나도 책에 나오는 것처럼 한번 해보고 싶다는 마음을 가지게 된다. '나도 한번 해봐야지'라는 생각으로 책에 나오는 내용을 따라 하게 된다.

《미라클 모닝》을 읽고 난 후에는 새벽 기상을 해보았다. 나에게 있어 새벽에 일어난다는 것은 아주 힘든 일이라고 생각하고 살았다. 막상 새벽 기상을 실천해보니 충분히 할 수 있는 일이었다. 책을 읽다 보니 어느새 행동으로 실천하는 것이 당연한 일로 바뀌었다.

넷째, 다른 사람들과 소통할 수 있다.

좋은 인간관계를 유지하기 위해서는 다른 사람들과 소통을 잘 할 수 있어야 한다. 책 속의 다양한 사람들을 만남으로써 다른 사람들에 대한 이해와 사물을 바라보는 시양의 폭을 넓혀 갈 수 있다. 책을 읽으면 내가 경험하지 못한 것을 간접 경험을 통해 나의 것으로 만들 수 있게 된다. 우리가 직접 세상의 모든 것을 경험해 볼 수는 없기 때문이다. 책을 통한 간접경험들이 쌓여 우리는 어떤 사람과 대화를 해도 아무런 어려움 없이 소통하고 공감할 수 있다.

교수님들은 "실습할 때 환자들과 많은 이야기를 나누도록 하세요. 졸업하고 간호사가 되어 일을 하게 되면 많은 업무로 인해 오히려 환자와 이야기할 시간이 없어요"라는 말을 늘 하셨다.

병원실습을 하는 동안 많은 환자들과 보호자들을 만나서 이야기를 나누었다. 환자들도 다양한 직업의 사람들이 많았다. 책 읽기를 꾸준하게 한 덕분에 말할 곳이 없어 답답했을 그들의 이야기를 잘 들어 줄 수 있었다. 그 이야기를 들어주면 환자들은 다시 나를 격려해주었다. 자신의 인생경험을 들려주면서 내 꿈을 응원해주었다.

그 중에 한 분이 생각난다. 심장수술을 하고 입원을 하셨던 분이었다. 그분께서 "이제 나이 80세가 다 되어가지만, 내 인생에서 이루지 못한 꿈은 없어요. 내가 꿈을 꾸면 모두 다 이루어집니다. 내가 경험자예요. 꿈은 이루어집니다. 선생님의 꿈을 응원해요"라고 말씀했다. 퇴원할 때도 그 환자는 나의 꿈을 응원한다고 하면서 웃으셨다. 다른 사람들과의 소통에 대한 부담감이 없었던 것은 책 읽기 덕분이다.

다섯째, 나를 반성하게 됐다.

책을 읽기 전에는 내가 한 일에 대한 반성보다는 후회와 집착을 많이 했다. 잘못된 것에 대한 반성이 없다 보니 남는 것은 원망이었다. 내가 잘못한 것은 없고 상대방이 나에게 잘못을 하고 피해를 주었다고 생각했다.

책을 읽으면서 내 안에 있는 나를 돌아보게 됐다. '그때 내가 잘못했구나, 상대방의 마음을 헤아리지 못했구나, 문제를 해결하기보다는 문제를 회피했구나'라고 생각하고 반성하게 됐다. 그 이후부터는 어떤 일이든지 회피하지 않는 적극적인 자세로 바뀌었다.

담배를 피우는 것은 백해무익하다는 것을 알고 있다. 아무리 찾아봐도 담배가 주는 유익함을 찾을 수가 없다. 그런데도 사람들은 해마다 금연을 결심하지만 성공하는 경우는 드물다. 담배에 있는 니코틴 성분이 중독을 일으켰기 때문에 금단현상을 이기지 못하는 것이다. 금연에 성공하기 위해서는 어마어마한 노력이 필요하다. 금연에 성공했다고 해도 니코틴은 이미 우리의 폐를 손상시키기 때문에 건강을 되돌리기 어렵다. 중독은 어떤 기회가 주어진다면 다시 빠르게 중독에 빠지게 된다.

책 읽기는 흡연과 다르다. 오히려 그 반대다. 백 가지 유익함이 넘친다. 책 읽기를 매일 할 수 있다는 것은 우리가 무엇이든 할 수 있는 사람은 바뀔 수 있다. 하지만 책 읽기는 담배처럼 중독이 되지 않는다. 책 읽기는 우리가 의식적 노력으로 습관화해야 하는 일이다. 그러나 책 읽기가 주는 유익함과 즐거움을 맛보게 되면 당신도 매일 할 수 있는 일이 아니라 하고 싶은 일이 될 것이다.

독서는 후천적 습관이다

책을 읽기 전에는 책을 읽는 사람에 대한 선입견과 오해가 있었다. 책을 읽는 사람들은 내가 모르는 특별한 것을 가진 사람들로만 알았다. 책을 읽는 사람들이 책 속에 있는 모든 내용을 알고 모두 실천하는 사람이라고 생각한 것이다.

책을 읽기 시작하면서 이 모든 것이 나만의 착각이었음을 깨달았다. 책은 특별한 사람들이 읽는 것이 아니라 평범한 사람들 모두가 할 수 있는 일이었다.

나에게는 책을 읽을 수 있는 기회와 시간이 많이 있었다. 그런데 왜 나이가 쉰이 다 되도록 왜 책 읽기를 제대로 못 한 것일까? 그동안 책 읽기가 왜 습관화되지 않은 것인지 궁금했다. 내가 한글을 몰라서 책을 못 읽은 것도 아니다. 초등학교를 졸업하면 누구나 책을 읽을 수 있다. 요즘은 그보다 더 훨씬 전에 한글을 읽고 쓰는 아이들이 대부분이다. 외국어 책을 읽는 것도 아닌데 왜 책 읽기가 되지 않았을까? 우리 조상님들처럼 책이 너무 귀해서 구경도 못 해봤기에 읽지 않은 것도 아니지 않은가. 돈이 없어 너무 가난해서 책을 읽지 않았나? 이것도 아니다. 많은 책을 읽을 수 있게 지역 곳곳 가까운 거리에 도서관이 설립되어있다. 그런데도 왜 책 읽기를 잘 하지 않을까?

우리가 책 읽기를 잘하지 못하는 이유는 무엇일까? 세 가지로 요약해봤다.

첫째, 우리의 뇌에는 책 읽기에 대한 회로도가 없다.

우리는 말은 할 수 있도록 태어났다. 신경손상이나 선천적인 장애로 인해 듣기를 못하는 사람들을 제외하고 말을 못 하는 사람은 없다. 말은 우리가 따로 배우지 않아도 부모님의 말소리를 들으면서 빠르게 습득할 수 있다. 하지만 부모님이 책을 읽는 모습을 보여준다고 해서 어린 아이들이 책 읽기를 따라 하기는 어렵다.

메리언 울프(Maryanne Wolf)는 저서 《다시, 책으로》에서 '책을 읽기 위해서는 우리의 뇌에 새로운 신경도로망을 만들어내어야 한다'라고 했다. 그래서 아이들이 어느 정도 말을 하게 된 후 읽기를 배우고 되는 것이다. 우리의 뇌에 읽기에 대한 회로도가 없다는 것은 타고나지 않아도 되므로 누구나 시작할 수 있다는 뜻이기도 하다.

다른 사람들이 책을 잘 읽는다고 기죽을 필요가 전혀 없다. 책 읽기는 누구나 처음 시작하는 일이고 만들어나가야 하는 습관이다. 유전적으로나 선천적으로 타고난 재능이 아니다. 우리 모두는 같은 조건에서 출발하는 것이다. 즉, '누구나 할 수 있다'라는 말이다.

둘째, 책을 읽는 환경이 조성되어 있지 않다.

책을 읽는 사람들은 언제 어디서나 책을 읽는다. 나의 지인 중에도 항상 책을 읽는 사람들이 많다. 그들의 생활환경을 살펴보면 항상 책이 있었다. 집안 구석구석 책이 놓여있다. 거실, 침대 머리맡, 자동차, 화장실, 사무실, 가방 등에 각기 다른 장소에 다른 책들이 놓여있는 것을 보았다. 책을 읽지 않을 때의 나는 그것이 쓸모없는 행동이라고 여겼다. 책을 필요한 한 권만 구입해서 보면 될 텐데, 이곳저곳에 책을 놔두는 행동이 이해가 되지 않았다.

"필요한 책만 보고 정리를 해놓지 왜 가는 곳마다 책들이 있나요?"라고 물었다. 너무 바빠서 숨 쉴 틈도 없어 보이는 분이라 도저히 이해가 되지 않아 물었던 기억이 있다.

"책을 한꺼번에 다 읽는 것이 아니라 한 문장이라도 읽고 생각해요. 책 옆에 사업적 아이템들이 떠오르면 메모하고요. 내가 하는 사업에 발전을 위해서 책 읽기가 꼭 필요해요. 남들이 쓴 책에는 내가 사업을 하면서 놓치거나 잘 안 되는 부분들을 개선해 나갈 수 있게 해주고요. 내가 다른 사람들의 사업적 경험, 영업에 대한 비밀들을 다 묻고 다닐 수도 없고 들을 시간도 없죠. 묻는다고 그 사람들이 이야기 해주지도 않고요. 책은 업계에서 최고의 사람들이 쓴 것이기 때문에 나에게 많은 도움이 되고 있어요"라는 말을 들었다.

이처럼 책 읽기를 매일 하는 사람들은 스스로 언제 어디서나 책을 볼 수 있는 환경을 만들어놓고 있었다. 매일의 책 읽기를 통해 자신의 사업이나 일에 대한 아이디어를 얻는다는 것이다.

집안에서 책 읽기가 힘든 환경이라면 카페나 도서관을 방문하는 것이다. 병원에 가면 세상에 모든 사람들이 아픈 사람들밖에 없는 것처럼 보인다. 반면 도서관에 가면 세상 모든 사람들이 책 읽는 사람으로 보인다. 책을 읽는 사람들을 보고 있으면 나도 책을 읽고 싶다는 생각이 저절로 생겨난다. 자신만의 책 읽는 환경을 만들어가는 것도 하나의 방법이다.

셋째, 책을 읽을 시간이 없다.

책은 읽고 싶으나 책을 읽을 시간이 없다는 것이다. 하루 종일 직장생활이나 육아에 시달리다 보면 남는 시간에는 휴식을 취하고 싶은 마음뿐이다. 책을 읽을 만한 마음의 여유가 전혀 남아 있지 않다.

다른 이유로는 각종 미디어로 인해 책을 읽을 시간이 없다. 책이 시간이나 짬을 내어 읽을 만큼 매력적이지 않다고 한다. 여러 가지 이유로 책을 읽을 시간이 없다.

책을 읽을 만큼의 재미를 느끼지 못했을 때 나도 그랬다. 책을 읽는 대신에 놀러 다니기 바빴다. 책을 읽는 것보다 다른 것이 더 재미가 있는 생활이었다. 책을 읽기 위한 시간은 생각조차 하지 않은 것이다.

책 읽기를 시작하면서 알게 된 사실은 책 읽을 시간이 없는 것이 아니었다. 책 읽을 마음이 없는 것이었다. 책을 읽어야 할 필요성이 생기자 책을 읽는 것이 최우선 순위가 되었다. 매일 꾸준히 하다 보니 나도 모르게 책을 읽는 일이 습관화되었다.

우리가 하나의 습관을 들이는 데는 얼마만큼의 시간이 필요한 것일까? 학자마다 조금씩 다른 견해를 내놓고 있다.

21일 습관의 법칙이 있다. 이 법칙은 우리가 무엇이든지 21일 동안 계속하면 하나의 습관이 된다는 법칙이다. 이 법칙은 존 그라인더(John Grinder)와 리차드 밴들러(Richard Bandler)가 고안한 '신경언어 프로그램밍'에 기초를 두고 있다. 즉, 21일은 사람의 생각이 대뇌에서 인식되는 기간이며 그 이후에는 의식하지 않아도 습관적으로 행동하게 된다는 것이다.

영국 런던 대학의 제인 왈드(Jane Wald) 교수가 같은 행동을 얼마나 반복해야 사람이 생각이나 의지 없이 자동적으로 반사적 행동하게 되는가를 연구했는데 66일 걸려야 습관으로써 자리 잡게 된다는 결과도 있다.

21일과 66일 등 습관의 법칙들이 있다. 어떤 사람들은 내가 정해진 기간에 해봤는데 습관화 되지 않았다, 아니면 나는 이것보다 더 짧은 시간 안에 습관을 이루었다고 말을 할 수도 있다. 이것은 둘 다 맞는 말이다. 내가 새로운 것을 시도할 때 어떤 것은 손쉽게 습관이 되었지만 다른 것은 습관화가 되지 않고 자꾸만 실패한다.

습관이 되지 않고 자주 실패하는 것 중의 하나가 주로 다이어트다. 처음에는 정해진 순서에 따라 운동하고 식단을 따라 하지만 어느 순간 다시 처음으로 돌아온다. 후폭풍으로 요요현상을 덤으로 얻게 되곤 했다. 요요현상을 겪고 나면 나의 몸무게는 시작할 때보다 몇 킬로 더 늘어났다. 이런 현상을 반복하다 보면 자신을 비난하게 된다. 식탐이 많고 어린아이처럼 먹는 것에 집착한다고 생각했다. 나의 식습관을 바꾸기 위해서는 시간이 필요한 것인 줄 모른 채 자신이 잘못되었다고 생각하고 자책했다. 그러다 보면 기분도 다운되어 스트레스로 인해 더 많은 음식을 섭취하게 되었다. 습관화에는 어느 정도 시간이 걸린다는 것을 알고 난 후에는 마음의 여유를 갖게 되었다. 다이어트에 하루 실패하더라도 더는 스트레스를 받지 않게 되었다. 지금은 내가 원하는 만큼의 몸무게를 유지하고 있다.

습관이란 거의 무의식적으로 행해지는 후천적 행동을 말한다. 습관이란 절대로 저절로 이루어지지 않는다. 어느 정도의 시간 투자와 인내의 시간이 필요하다. 책 읽기가 습관화가 되고 나면 몸이 알아서 스스로 찾아서 하게 된다. 우리의 몸이 전혀 거부하지 않고 태어날 때부터 했던 일처럼 느껴진다. 때론 하지 않으면 어색하고 부자연스럽게 느껴지기까지 한다.

우리가 사용하는 습관이라는 단어들은 부정적인 생각을 먼저 떠오르게 한다. 습관은 나쁜 것만 있는 것이 아니다. 습관은 좋은 습관도 있다. 좋은 습관은 우리의 삶을 좀 더 윤택하고 성장하고 발전하게 해준다. 우리가 어떤 습관을 지니고 있느냐에 따라서 미래의 성공 가능성이 달라진다. 습관은 매일 일상생활 속에서 반복적으로 하는 행동을 통해 형성되고 발전하는 것이다.

지금도 늦지 않았다. 이제부터 책 읽기 습관을 만들어나가면 된다. 책 읽기 습관을 통해 날마다 성장하고 발전하는 내 모습을 발견하게 될 것이다.

독서에 대한 원초적 욕구

영화배우 샤론 스톤(Sharon Stone)이 주연한 〈원초적 본능〉이라는 영화가 있다. 그 영화를 보고 난 후에는 오직 샤론 스톤의 매혹적인 모습만 떠올랐다. 다리를 꼬고 의자에 앉은 샤론 스톤의 모습은 너무나 아름다웠다.

책은 나에게 이런 존재가 되었다. 처음 시작은 독서장학금이었고 공부하기 위한 도구였다. 하지만 책을 읽을수록 책이 주는 묘한 매력에 빠지기 시작했다. 책이 내가 읽어주기를 기다리는 것만 같았다.

책을 읽으면 읽을수록 모르는 것이 더 많다는 것을 알게 되었다. '이것은 무엇일까?' 하는 수많은 궁금증이 생기기 시작했다. 내가 알지 못한 세계가 이렇게나 많았다는 사실들에 놀라웠다. 내 눈으로 본 세상은 미세한 먼지보다 작은 것들이었다. 책이 잠자는 나의 읽기 본능을 깨우기 시작한 것이다.

책을 읽기 전이 나는 호기심이 별로 없는 편이었다. 내 주변에 일어나는 일이나 사람들에 대한 궁금함이 없었다. 내 삶이 버겁다는 생각에 다른 곳을 바라볼 마음의 여유가 없었다. 다른 사람들도 나와 별반 다르지 않다고 생각했다. 나의 일상은 같은 일의 반복이었다. 무미건조한 다람쥐 쳇바퀴 돌듯이 하는 일상이었다.

책 읽기를 하면서 가장 먼저 변화한 것은 호기심 생긴 것이다. 책에서 하는 말이 정말 있을 수 있는 일인가? 가능한가? 책을 읽으면 인생이 변화한다는 글을 읽었다. 책을 읽으면 사람이 변화한다고 하는데 진짜로 변화할 수 있다는 것인가? 변화될 수 있다면 나도 책을 많이 읽고 내 인생을 변화시키고 싶었다.

많은 작가가 수천 권의 책을 읽고 멋진 인생이 되었고 삶에 대한 지혜를 얻었다고 했다. 수천 권의 책을 읽으면 지혜와 통찰이 생긴다는 글을 읽고 그들처럼 되고 싶었다.

지혜와 통찰을 얻기 위해선 적어도 1,000권 이상의 책을 읽어야 한다는 것이었다. 내가 1,000권의 책을 읽기 위해서 어떻게 읽을지 계산해보았다. 1년에 100권을 10년, 아니면 365일 1권씩 읽으면 3년 동안 읽어야 가능한 일이었다. 이것은 평범한 사람들이 해낼 수 있는 일이 아니라는 생각이 들었다. 그 많은 양의 책을 읽을 만한 시간적 여유가 없다. 그들의 독서방법이 정독, 완독일 것으로 생각했다. 그들은 그들만의 독서방법으로 1,000권에서

10,000권의 책을 읽은 것이라는 것을 책 읽기를 어느 정도 한 후에야 알았다.

책 읽기를 통해 변화를 얻고 싶은 마음이 간절했다. 많은 책은 아니더라도 책을 매일 꾸준하게 읽다 보면 '내게도 어떤 변화가 일어지 않을까?' 하는 기대를 갖고 끊임없이 읽었다.

강의를 들어도 내가 알지 못하는 것들이 많았다. 내가 알지 못한다고 해서 교수님이 하시던 강의를 멈추고 나에게 설명을 해줄 수는 없는 것이었다.

그중 하나가 '긍정심리학'이라는 강의 시간에 마틴 셀리그먼(Martin Seligman)의 회복탄력성에 대한 내용이었다. 마틴 셀리그먼은 학습된 무기력, 낙관주의, 긍정심리학, 회복탄력성에 대한 개념을 제시한 미국의 심리학자다.

학습된 무기력은 실패된 경험이 누적된 경우 학습된 무기력으로 할 수 없다는 생각에 사로잡혀 아무런 시도를 하지 않는다는 것이다. 따라서 우리가 목표를 정할 때 너무 무리한 목표를 정하거나 우리의 능력 밖의 일을 지속하다 실패를 하다 보면 학습된 무기력에 빠진다는 것이다.

《마틴 셀리그먼의 긍정심리학》을 읽으면서 학습된 무기력에 대해 알게 되었다. 이 책을 읽고 마틴 셀리그먼에 관한 이야기를 자세하게 알고 나니 강의 시간이 재미가 있었다. 이처럼 책을 읽거나 강의 시간에 들은 내용에 대한 궁금증이나 호기심은 나를 책의 세계로 이끌어주었다.

학습된 무기력에 관한 책을 읽으면서 내가 무기력하게 지낸 이유를 알게 되었다. 지속적인 작은 일들에 대한 실패였다. 실패들이 쌓이다 보니 무엇인가를 시도한다는 것이 귀찮았다. 어차피 해도 안 될 것이라는 생각이 먼저 들었기 때문이다.

학습된 무기력을 벗어나기 위한 방법을 찾기 시작했다. 무엇이든 아주 작은 성공을 하면 그 성취감으로 학습된 무기력을 벗어날 수 있다고 했다.

학습된 무기력은 내가 이룬 작은 성공조차도 감사하지 못했다. 제일 먼저 한 것은 현재 내가 가진 것에 감사하는 일이었다. 가진 것들에 대한 감사는 어떤 것을 할 때 지치지 않고 계속하게 하는 힘을 준다. 큰 목표는 시도도 하기 전에 마음을 지치게 한다. 큰 목표를 이루기 위해서는 먼저 가진 것에 감사하고 작은 것들부터 채워야 하는 것이다. 작은 것들이 모여 큰 것이 되는 것이다.

책을 읽다 보면 다른 사람들은 책을 어떻게 읽는지가 궁금해지기 시작했다. 다른 사람들은 어떤 종류의 책을 읽고 있을까? 작가들이 생각하는 독서에 대해서 찾아보았다.

강건의 《위대한 독서의 힘》에서 독서에는 취미독서, 지식독서, 성장독서가 있다고 했다. 그 중에서 진정한 독서는 성장독서라고 한다.

"성공자의 독서를 통해서 어떤 상황과 환경에서도 성공할 수밖에 없는 생각과 행동을 하는 사람이 되는 것은 멘탈이 강한 사람이 되는 것이다. 성공자 독서란 위인전, 자서전, 자기계발서를 보고 하나씩 따라 해보면 된다."

강건 작가는 독서는 성공자 독서를 통해서 성공자를 따라 하다보면 나도 성공한 사람이 된다고 했다. 위인전, 자서전, 자기계발서는 자신의 인생 경험이나 지혜가 담긴 책이다. 그 속에는 저자의 피, 땀, 눈물이 들어있는 것이다. 이러한 책들은 책 속 주인공들이 수십 년 동안 경험한 것들을 한 권의 책으로 만들어놓은 것이다. 우리는 책을 통한 간접경험으로 그들의 지혜를 우리의 것으로 만들 수 있다. 그들을 따라 하다보면 우리도 성공자가 되어있는 모습을 발견하게 된다.

데이비드 미킥스(David Mikics)의 《느리게 읽기》에서 "독서는 얼마나 많이 읽느냐보다는 어떻게 읽느냐가 훨씬 중요하다. 더 잘 읽는다는 것은 더 천천히 읽는다는 것이다."

책을 빨리 많이 읽는 것이 좋다고 생각했다. 하지만 독서는 얼마나 많이 읽느냐가 중요한 것이 아니라 천천히 읽는 것이 중요하다는 이 글을 읽은 후부터는 글을 빠르게 읽지 않고 책을 천천히 읽었다. 책을 빠르게 읽을 때보다 천천히 책을 읽을 때 내가 보지 못한 글의 내용이 보이고 생각을 하게 되었다.

신정철은 저서 《메모독서법》에서 '독서로 삶을 변화시키기 위해서는 책을 읽는 데서 그치지 않고 실천해야 합니다. 책에서 읽는 것 중에 따라 해보고 싶은 것이 있거나 책의 내용에서 힌트를 얻어 새롭게 시도해보고 싶은 일이 떠오르면 여백에 메모하세요. 할 일을 메모해야 실천할 수 있습니다'라고 했다.

우리가 책을 읽고 변화하고 싶다면 책 속의 작은 것 하나라도 메모하고 실천해야 한다. 메모하지 않으면 곧 잊어버리게 된다. 실천하지 않는 지식은 지혜가 되지 않는다. 내가 무엇을 할 수 있는가에 집중하고 실천하다 보면 나도 모르게 변화된 자신을 발견하게 된다. 변화란 어느 날 갑자기 눈에 띄는 것이 아니다. 당장에 원하는 것을 이루기보다는 욕심을 버리고 쉬엄쉬엄 가다 보면 내가 원한 목적지에 도착한다.

다른 사람이 아닌 내가 독서 하는 이유를 찾아서 책을 읽을 때 나의 운명은 바뀌게 된다. 책을 읽다가 나는 왜 책을 읽어야만 하는가를 생각한다. 질문을 통해서 더욱 내가 책을 읽어야만 하는 이유를 깨닫게 된다. 책 읽기는 나를 성장시키고 발전시키는 원동력이다. 책은 나의 친구, 조언가, 충고가 등이다. 내가 나가야 할 길을 알게 해주는 안내서다.

독서를 하면서 얻은 많은 깨달음

책을 읽고 얻는 것이 없다면 책을 읽는 즐거움이 없을 것이다. 책을 읽을 때마다 책 속에서 보물들을 발견하게 된다면 사람들은 책을 읽게 될 것이다. 내가 책을 시작하면서 왜 사람들이 책을 계속 읽는지를 알게 되었다. 책 속에서 그들은 자신이 찾던 멘토들을 만나게 된 것이다. 나도 책을 통해서 내가 가진 문제와 고민을 해결할 수 있었다.

고바야시 히로유키의 《나는 당신이 스트레스 없이 말하면 좋겠습니다》라는 책은 제목에 끌려 선택한 책이었다. 친한 친구나 가족들과 사이에서 이야기를 나누는 것은 편안하고 괜찮았지만 낯선 사람들과 대화를 나눌 때는 어떻게 이야기를 해야 할지 무척 고민이 되었다. 말을 할 때 긴장을 하다 보니 내 목소리는 갈라지는 고음이 되어버렸다. 메마른 고음의 목소리로 이야기를 하다 보면 목이 아팠다. 나는 몇 마디 하지 않았는데 혼자 다 떠든 느낌이었다. 내가 말하는 것에 대한 스트레스가 있다 보니 되도록 말을 하지 않으려고 했다. 이런 고민 속에 있을 때 이 책을 읽었다. 저자는 말하기는 기술이 아니라 의학이라고 한다. 스트레스 없이 말하면 인생이 달라진다고 한다.

쉴 새 없이 빠르게 말하면 팀원 전체의 업무효율이 떨어진다는 것이다. 천천히 말하는 분위기가 바뀌고 인생이 달라진다.

다른 사람들도 말을 할 때 스트레스를 받는다는 것을 알게 되었다. 스트레스는 긴장감과 목소리의 톤이 높이 올라가게 된다. 최대한 천천히 말을 하여 말을 하면 스트레스 없이 말을 할 수가 있다고 한다. 이야기할 때 마음이 목소리 톤이 낮고 천천히 말하는 사람은 상대방을 편안하게 해준다. 이 책을 읽고 난 후 의식적으로 최대한 천천히 말을 하려고 하고 있다. 지인들이 요즘 내 목소리가 많이 편안해졌다고 한다.

김도사의 《100억 부자 생각의 비밀 필사 노트》를 읽었다. 필사를 위해 구입한 책이었다. 그런데 책의 내용이 내가 기대한 내용이 아니었다. 이 책은 꿈에 관한 내용이 대부분이었다.

'꿈을 이루는 과정에서 헤아릴 수 없을 만큼 고통을 맛봐야 했다. 좌절과 절망의 벽에 가로막혀 수차례에 자살을 생각하고 했다. 사실 여러 번의 죽을 고비를 넘기기도 했다.'

저자는 헤아릴 수 없을 만큼 고통을 겪었다. 좌절과 절망으로 인해 자살을 생각하며 살았다. 여러 번의 죽을 고비도 넘겼다고 한다. 농약을 마시고 거액의 빚을 남기고 돌아가신 아버지가 계셨다. 빚조차도 포기하지 않고 스스로 다 갚았다. 그가 가진 것은 단점밖에 없는 사람으로 보였다. 하지만 가난과 절망적인 상황에서도 그는 꿈을 놓지 않았다. 단점보다는 장점, 자신이 이루고 싶은 꿈에 집중했다. 이제는 자신이 꾸었던 꿈을 모두 이루게 되었다고 한다. 네이버 카페 '한책협'을 통해 다른 사람의 꿈을 이루도록 도와주고 있다. 수많은 절망과 고통의 경험과 자신만의 노하우로 사람의 꿈을 이루도록 도와주는 사람이 된 것이다.

나는 삶이 나만 힘든 것인 줄 알았다. 많은 책을 읽어보니 나보다 더 힘든 삶을 사는 사람들이 많았다. 내 안에 갇혀 나의 고통만 바로 본 것이었다. 내 인생은 왜 이런 것일까? 하는 일마다 꼬이는 것 같고 실패만 하는 것 같았다. 내가 가진 것에 감사하지 못하고 불평만 늘어놓았다. 나보다 더 조건이 나쁘고 힘든 사람도 꿈을 잃지 않았다. 조금만 힘들어도 내 꿈을 포기하고 나의 꿈을 가볍게 여겼다. 나만 그런 것이 아니었다는 것에 많은 위로를 받았다. 책 읽기를 통해 삶에 대한 희망을 보게 되었다. 작은 것들에 마음 쓰지 않고 내가 이루고 싶은 꿈들에 집중하기 시작한 것이다.

나는 무슨 일을 시작할 때 시작은 창대했지만, 끝은 미약했다.

처음에는 열정과 에너지가넘쳤지만, 시간이 흐르면서 힘이 빠지면서 흐지부지한 일이 대부분이었다. 이런 내 모습이 너무 싫었다. 나도 무엇을 하든지 그만두지 않고 끝까지 해보고 싶었다. '어떻게 하면 될까'하는 고민을 하였다. 이러한 습관을 고치고 싶었다. 이러한 고민 가운데 만난 책이 있다.

앤절라 더크워스(Agela Duckworth)의 《그릿》이었다. 이 책을 만난 것은 2016년 12월이었다. 책을 보는 순간 나도 모르게 구입한 책이었다 책을 읽으면서 내가 그토록 고민했던 문제를 해결하게 해주었다. 그 후 이 책이 베스트셀러가 되었다는 소식을 들었다.

그릿이란 미국의 심리학자인 더크워스가 개념화한 용어이다. 그릿은 재능보다 노력의 힘을 말한다. 평범한 사람도 열정과 끈기만 있다면 원하는 것을 이룰 수 있다. 즉, 일곱 번 넘어지면 여덟 번 일어나면 되는 것이다.

《그릿》 속에는 그동안 내가 왜 성공하지 못했는지에 대한 이야기들이 가득했다. 어떻게 하면 성공할 수 있는지도 알려주었다. 《그릿》에는 내가 '긍정심리학' 수업시간에 배워서 익숙한 학자들이 등장했다. 낙관주의자 마틴 셀리그먼, 《몰입》의 미하이 칙센트미하이(Mihaly Csikszentmihalyi), 《의지적 연습》의 에릭슨 등의 이야기로 풀어놓아 손쉽게 단숨에 읽을 수 있었다.

《그릿》에서는 나의 관심 분야를 하나 선택한다. 그것에 몰입한다. 의지적 연습을 한다. 그러면 성공한다. 성공이 방식이 어려운 것은 하나도 없다. 그러나 우리는 성공하지 못했다.

왜 그럴까? 그것은 끝까지 하지 않았기 때문이다. 내가 목표한 것을 이루기 위해 최선을 다했지만, 중간에 그만두었기 때문에 성공하지 못한 것이다.

가족들과 손쉽게 할 수 재미있는 운동 중 하나가 배드민턴이다. 배드민턴은 운동기구를 구하기도 쉽고 언제, 어디서나 할 수 있다. 나도 배드민턴을 잘 치고 싶었다. 그러나 다른 사람들이 아무리 가르쳐줘도 제대로 된 경기를 할 수 없었다. 나 때문에 괜히 상대방만 힘들게 한 것 같아 미안했다.

마침 학교에서 배드민턴 교육 프로그램이 있다는 것을 소식을 듣게 되었고, 배드민턴 프로그램 참여로 배드민턴을 치는 방법을 배우게 되었다. 배드민턴을 배우면서 코치가 가르쳐 주는 대로 연습을 하니 쉽게 되었다. 이전에는 아무리 해도 실력이 나아지지 않았었는데 말이다. 그리고 지속적인 연습과 지도를 받으니 실력이 늘었다. 그 이후부터는 가족들과 배드민턴을 편안하게 즐길 수 있었다.

내가 배드민턴을 잘 치지 못한 것은 올바르게 배우지 않았기 때문이다. 올바른 방법으로 배우고 지속적인 연습을 했더니 실력이 향상되었다. 우리가 어떤 것을 배울 때는 올바른 방법으로 배워야 한다. 또한 누구에게 배우는가에 따라 실력이 단기간에 늘어날 수 있다. 배우고 난 후에는 지속적인 연습을 해야만 온전히 내 것이 된다.

책은 나에게 너무나 많은 것을 깨닫게 해주었다. 세상에 나 혼자가 아니라는 것, 나도 할 수 있다는 것을 알려주었다. 무엇을 하든지 내가 포기하지 않으면 불가능한 일은 없다. 그것이 무엇이든 모두 이루어진다는 것이다.

책을 통해 얻은 깨달음 덕분에 내 마음에 평화가 찾아왔다. 세상에는 특별한 비법은 없었다. 진리는 오히려 평범했다. 누구나 다 알고 있는 것들이었다. 다만 너무나 평범하다 보니 사람들이 이것이 보물이라고 깨닫지 못했던 것뿐이다. 나 또한 그랬다. 행복을 찾기 위해 그동안 나의 파랑새를 찾아 헤맸다.

사람들은 내가 나이가 많은데 공부를 어떻게 하냐고 묻는다. 이전에는 공부에 대해 많은 생각을 했고, 사람들에게 힘들다는 이야기를 했다. 책을 읽은 후부터는 그 말 대신에 "공부는 그냥 합니다"라고 말한다. 이해가 되지 않는다는 사람들에게 "특별한 것 없고 그냥 숨 쉬듯이 밥 먹듯이 그냥 합니다"라고 설명해준다. 무엇이든 포기하지 않고 그냥 꾸준히 하면 된다는 뜻이다.

독서는 내 생활의 일부

아침에 일어나 눈을 뜨면 가장 먼저 책상에 앉는다. 책상에 앉아서 책을 읽고 필사를 한다. 이렇게 하루 일상을 책을 읽으면서 시작한다. 틈나는 대로 책을 읽는 생활을 하고 있다. 책을 읽는 것이 하루의 일상이 되었다. 책을 읽지 않게 되는 날이 오히려 더 어색하다.

책 읽기는 시간의 여유가 있는 사람들이 가지는 취미라고 생각했다. 취미란 즐거움을 위해 하는 활동이다. 취미는 해도 되고 하지 않는 일이다. 많은 사람이 나처럼 시간의 여유가 생기면 책을 읽고 싶어 한다. 책을 통해 지혜를 얻고 더 나은 삶을 살기를 원한다. 책을 읽고 삶이 변화되고 싶은 사람도 있다. 지금 현재 삶보다 더 나은 삶을 위해, 취업을 위해, 승진을 준비하기 위해, 더 좋은 직장으로 이직하기 위해 등등 여러 가지 이유로 책을 읽는다.

책을 읽는 동안 나는 고민과 고통스러운 현실에서 단절되는 듯했다. 책을 읽고 있는 동안 내가 어떻게 살아가야 하는지에 대한 질문과 답을 찾아나갔다. 암울하고 답답한 현실을 비추는 한 줄기 빛이었다. 책이 내 안에 갇혀 있는 나를 한 발자국씩 밖으로 나올 수 있는 힘을 주었다.

사람들은 책을 읽으면 정말 변화가 있는가에 의문을 가진다. 나도 책을 읽기 전에는 그것이 궁금했다. 총·칼보다 더 힘센 것이 펜이라고 했다. 책은 내가 손만 대면 찢을 수 있는 연약한 존재다. 그런데 이 얇디얇은 종이 한 장이 사람을 죽이는 총·칼보다 강하다고 한다.

매일 책을 읽었지만, 무엇인가 극적인 일은 생기지 않았다. 책을 읽는다고 어느 날 내가 특별해져서 돈이 막 굴러들어오지도 않았다. 어제와 별다를 것 없는 일상들이었다. 하지만 책은 매일 읽어야 한다. 가랑비에 옷이 젖듯이 내가 읽은 책이 한 권, 두 권 쌓여갔다. 이렇게 매일 조금씩 쌓인 책들이 어느 순간 작은 불씨가 된다.

이렇게 쌓인 책들은 부정적인 생각이나 포기하고 싶은 생각이 들 때마다 나에게 긍정적인 생각으로 바꾸라고 채찍질한다. 그동안 읽었던 책의 구절이 생각이 나기도 한다.

'포기는 김장할 때나 사용하는 것이고, 너는 할 수 있잖아. 이제까지 잘해왔잖아'라며 나를 응원하게 된다. 책이 나에게 직접 돈을 가져다주지는 않는다. 다만 돈을 벌 수 있는 힘과 지혜를 준다. 힘들 때마다 나를 위로해주고 일으켜 세워주는 것은 책이었다.

힘들고 지칠 때면 책 속의 사람은 어떻게 했는가를 생각해본다. 그때는 책에서 조언한 방법을 따라서 의식적으로 연습을 했다. 의식적 연습을 통해 긍정적 생각으로 쉽게 극복할 수가 있었다.

김범준은 저서 《나는 매일 책 읽기로 했다》에서 이렇게 말했다. '30권을 읽으면 심리적 안정이 찾아오고, 100권을 읽으면 일에서 자신감이 붙고 365권을 읽으면 완전히 다른 사람이 된다.'

강건은 저서 《위대한 독서의 힘》에서 '100권을 읽으면 고정관념이 없어지고, 200권을 읽으면 자신감이 생기고, 300권을 읽으면 사랑에 눈을 뜨고, 500권을 읽으면 진정한 행복을 알고, 700권을 읽으면 어떤 사람을 만나도 지혜를 나누어 줄 수 있는 리더가 될 수 있다. 900권을 읽으면 바람처럼 자유로운 사람이 되어 내가 할 수 있는 것에 최선을 다하고, 할 수 없는 것에 미련을 갖지 않는 사람이 된다. 100권을 읽고난 후 책을 쓰는 집필 능력을 갖게 되었다'라고 했다.

책 속에서 만난 작가들은 책을 통해 변화한 자신의 모습들을 이야기 해주고 있다. 저자들이 매일 책을 읽고 어떠한 변화가 있었는지 우리에게 쉽게 설명을 해주고 있다. 내가 책을 계속 읽을 수 있게 만든 것은 바로 '변화'라는 단어였다.

사람은 변화할 수 없다고 생각했다. 사람이 변한다는 것은 간절한 소망이 있거나 죽을 때 되어야 일어나는 일이다. '사람은 변한 듯해도 본성이 바뀌지 않는다'라는 이야기도 있다. 이처럼 사람이 변화한다는 것이 굉장히 어렵다는 것을 설명해주고 있다.

변화한다는 것을 의심했다. 책이 사람들에게 지식, 정보를 주는 유익함 정도까지만 생각했다. 사람들을 만날 때 막힘없는 대화를 하기 위한 수단 정도로 여겼다. 변화에 대한 나의 오해였다. 변화에도 시간이 필요하다는 것을 알지 못했기 때문이다.

농부가 우리가 먹는 밥 한 그릇을 식탁에 올라오기까지의 과정을 생각해보았다. 가을 농사가 끝난 후 논을 한 번 갈아놓는다. 거름과 비료도 미리 준비해 놓는다. 봄이 되면 다시 벼 심기 좋은 논으로 만들기 위해 부드럽게 갈고 거름과 비료를 뿌려준다. 봄이 오면 물에 살짝 불린 후 볍씨를 뿌리고 비닐하우스를 덮어준다. 아침, 저녁으로 날씨를 살피면서 비닐하우스를 열었다 닫았다 관리를 해주어야 한다. 적당한 크기로 자란 벼 모종을 그대로 두지 않는다. 물을 댄 논에 옮겨 심는다. 모내기를 하는 것이다. 모내기를 했다고 끝난 것이 아니다. 잡초도 제거해야 하고 병충해 예방을 위해 시기마다 약도 뿌려주고 물 관리도 해줘야 한다. 벼를 키우는데 이것만 한다면 그나마 나은 편이다. 추수하기 전까지 장마와 태풍이 있다. 이들을 다 견디고 가을이 되면 벼 베기를 한다. 벼를 벤 후 벼를 말린다. 수분 가득한 벼를 말린 다음에 정미소로 간다. 정미소에서 벼의 껍질을 벗겨주어야 한다. 벼가 껍질을 벗은 후 비로소 쌀이 된다. 쌀이 우리의 가정으로 배달되었다고 바로 밥이 되지 않는다. 쌀을 씻어서 밥솥에 넣고 뜨거운 불로 익혀야 밥이 된다. 우리가 먹는 밥 한 그릇이 되기 위한 과정은 지루하고 힘들다. 이 지겨운 과정을 이겨내어야 비로소 성공한 밥 한 그릇이 되는 것이다.

책을 읽는 것도 이와 같다. 변화는 하루아침에 마법처럼 일어나는 일이 아니었다. 책은 어린이 만화 영화에 나오는 마법 지팡이가 아니다. 한 번의 손짓으로 우리가 기대한 변화는 일어나지 않는다.

변화는 우리가 아침에 눈을 뜨고 잠을 자는 하루의 일상과 함께 하는 것이었다. 내 안에 심어둔 변화라는 씨앗이 자랄 수 있도록 내가 가꾸어 주는 것이다. 그 씨앗이 자랄 수 있도록 도와주는 것이 책이었다. 매일 책을 읽음으로써 잠들어 있던 나의 잠재의식이 잠에서 깨어나기 시작했다. 책을 통해 비틀어지고 말라버렸던 나의 내면들이 물이 오르고 살이 붙기 시작하는 것이다. 잠재의식 속에서 자라고 있던 변화가 어느 날 나의 의식의 세계로 나타나게 되는 것이다. 내가 책을 몇 권 정도 읽고 변화했는지 말하기는 어렵다. 어느 순간 내 생각이 변화되었다는 것을 알게 됐기 때문이다. 책을 매일 꾸준히 읽다 보니 모든 것이 자연스럽게 이루어진 것이다. 그 과정이 아주 자연스럽다 보니 마치 예전부터 내가 그런 사람이었던 것처럼 느껴질 때도 있다.

내 삶에서 작은 변화의 불꽃들이 하나씩 피어오르기 시작했다. 다른 사람들의 눈에는 보이지 않는 것들이다. 오직 나만이 느끼고 알 수 있는 변화들이다. 책을 읽음으로써 생기는 변화를 알고 난 후 책 읽는 재미에 푹 빠져 매일 책을 읽게 된 것이다.

나는 음식에 대한 집착이 있었다. 그런데 영양과 관련된 책들을 읽으면서 먹는 음식에 대한 생각이 변했다. 《오래도록 젊음을 유지하고 건강하게 죽는 법》에서 '뼈와 근육은 소식을 좋아하고 공복을 가져야 뇌가 활성화된다'는 것을 읽고 음식에 대한 욕심이 점점 사라졌다. 밥을 한 끼라도 제대로 먹지 않으면 큰 일 나는 줄 알고 살아왔다. 책을 읽고 난 후 음식과 영양에 대한 내 생각이 변화했다. 음식에 대한 생각이 변하니 탐식이 없어졌다. 생각이 변화되니 행동의 변화가 온 것이다.

매일 책을 읽는 것은 쉽다. 책 읽기가 어려운 것은 책에 대한 많은 오해 때문이다. 책을 읽기 전 가장 먼저 할 일은 책 읽기는 쉽다고 생각하는 것이다. 사람은 마음에 부담이 되고 힘든 일은 하지 않으려 한다. 우리의 뇌를 속이기 위한 제일 첫 번째 일은 '책 읽기는 쉽다'는 생각을 하는 것이다. 뇌는 우리가 느끼고 생각하는 것이 진실이라고 생각한다. 우리가 쉽다고 생각하고 행동하면 어렵던 일도 쉽고 편안하게 할 수 있다. 어느 순간 매일 책을 읽고 있는 자신을 발견하게 될 것이다.

꼼꼼하게 읽겠다는 생각은 버려라

책을 읽을 때 꼼꼼하게 책을 읽어야 한다는 생각을 한다. 책 속에 있는 글 하나라도 읽지 않으면 안 된다는 생각을 했다. 혹시 책을 읽다가 읽지 않고 넘어가는 부분이 생기면 괜한 죄책감이 생기곤 하였다. 내가 책을 잘 못 읽고 있구나! 책을 읽다가 나하고 맞지 않는 책을 읽지 않고 덮고 나면 꺼림칙함이 자리를 잡고 있었다.

내가 처음 책을 읽었을 때는 글자 하나라도 놓치지 않으려고 했다. 그러다 보니 매일 1~2시간씩 책을 읽어도 한 권을 읽으려면 일주일이 넘게 걸렸다. 그렇게 책을 읽었지만 다 읽고 나면 내가 읽은 책의 내용이 생각이 나지 않았다. 그러면 다시 한번 읽기도 했다. 이렇게 책을 읽다 보니 책 읽는 것이 힘들었다.

간호학과에 입학해서 부족한 기초지식을 쌓기 위해 시작한 책 읽기다. 지식을 쌓기 위해서는 다양한 책을 많이 읽어야 했다. 책에는 내가 태어나서 처음 듣는 신기한 이야기들로 가득했다. 내가 가보지 못한 세상이 이렇게나 많았구나! '나는 도대체 무엇을 위해 살다가 나이만 먹었는가' 하는 후회가 몰려왔다. 책 속의 세계는 신세계였다.

'다독을 통해서 독서의 임계점을 넘으면 두뇌에서 지식 빅뱅이 일어난다. 지식 빅뱅이 일어나면 놀라운 능력을 발휘하는 사람이 된다. 지식 빅뱅이 일어나게 하는 방법으로 다독이 가장 좋은 방법이다. 지식 빅뱅이 일어나는 독서를 하면 사람이 폭발적으로 변하고 성장하게 된다. 의식혁명이 일어났다고 할 만큼 큰 변화가 일어나는 것이다. … 엄청난 지식의 빅뱅을 경험하고 싶다면 하루에 한 권의 책을 읽으면 된다. 하루에 한 권의 책을 읽어서 3년 동안 천권을 읽으면 두뇌가 혁명적으로 변하고 지식 빅뱅을 경험하게 된다.'

강건의 《위대한 독서의 힘》을 읽으면서 지식 빅뱅에 대한 글을 읽게 되었다. 다독을 하게 되면 지식 빅뱅이 일어난다는 것이다. 지식 빅뱅이 일어나면 사람이 폭발적으로 변하고 성장한다는 말이 내 맘에 딱 꽂혀 버린 것이다.

현재 내가 가장 필요로 한 것이 지식 빅뱅이었다. 텅 빈 내 머릿속을 채워줄 지식을 채워 빅뱅을 일으켜야 했다. 책을 읽으면 해결된다는 것을 책을 통해 알게 되었다. 텅 비었던 내 머릿속에 책이 차곡차곡 쌓였다. 어느 정도의 독서량이 쌓이자 수업시간의 강의 내용이 어렵지 않게 느껴지기 시작했다. 내 안에 쌓인 지식은 내가 공부를 할 때 많은 도움이 되었다.

공부한 내용을 단순히 암기만 했을 때는 너무 힘들고 금방 잊어버렸었다. 지식이 어느 정도 쌓인 후에는 암기하는 방법도 바뀌고 잘 잊지 않게 되었다. 공부하는 시간도 훨씬 줄어들었다.

입학하고 제일 고민되는 것이 공부였다. 공부에 관련된 여러 가지 책을 찾아보고 읽게 되었다. 그 중에서 가장 기억에 남는 것은 야마구치 마유가 쓴 《7번 읽기 공부법》이었다. 공부할 때 7번만 읽으면 된다는 내용이다. 저자는 도쿄대학에서 자신이 수강한 과목을 '우'를 받았다. 그 후 우리나라로 말하면 사법고시와 행정고시에 모두 합격한 공부법이다. 나도 저자가 쓴 방법처럼 공부를 해보았다. 역시 쉽지가 않았다. 오랫동안 공부에 대한 밑그림이 그려져 있지 않았다. 이 방법은 어느 정도 단련이 된 후에 많은 양의 공부를 할 수 있다는 생각이 들었다.

나는 나만의 방법으로 공부를 했다. 대학교 1학년 2학기에 배우는 해부생리학이 있다. 이것은 우리 몸의 전체적인 해부적인 구조와 흐름을 배우는 과목이었다. 제일 먼저 흐름도를 이해하는 것이 문제였다. 흐름도가 머릿속에 들어오지 않으니 이해가 되지 않는 것이다. 모르면 10번 아니라 100번을 읽어보면 된다는 생각이 들었다. 비록 《7번 읽기 공부법》처럼은 아니더라도 최소한 읽다 보면 이해가 될 것 같았다. 소리 내어 4~5번 정도 읽기 시작하자 전체적인 흐름이 머릿속에서 정리되기 시작했다. 바로 이것이라는 생각이 들었다. 그 이후부터는 공부를 시작하기 전 적어도 4~5번 소리 내어 읽고 난 후 공부를 시작했다.

공부량도 어느 정도 쌓여가니 공부를 하는 것이 어렵지 않다는 생각을 하게 되었다.

독서량이 어느 정도 쌓이다 보니 책은 서로 독립적으로 홀로 서 있는 것이 아니었다. 책에 있는 내용이 여기저기 흩어져서 존재하고 있었다. 어느 날 흩어져 있던 내용이 하나씩 연결되기 시작했다. 어느 정도의 배경 지식이 쌓이니 책을 읽을 때 잘 아는 내용은 그냥 지나가기 시작했다. 책을 읽는 시간이 훨씬 줄어든 것이다. 처음에는 책 한 권 읽는데 1주일 넘게 걸렸다. 책을 읽다 보니 어느 순간 2~3일에 한 권을 읽게 되었다. 시간적 여유가 있는 날은 3~4시간에 한 권을 읽게 되었다.

책을 처음 읽을 때는 완독, 정독을 했다. 다른 사람들이 말하는 것처럼 발췌독이나 내게 필요한 문구만 찾아서 읽는 것은 힘든 일이었다. 앞뒤 다 잘리고 난 문장들은 내가 잘게 씹어서 삼키기가 어려웠다.

눈으로 책을 읽고 있지만, 머리는 다른 생각이 가득할 때가 많았다. 그러나 정신을 차리고 책으로 돌아오면 내가 무엇을 읽었는지 생각이 나지 않았다. 책을 읽을 때 눈이랑 나의 머리랑 같이 움직여야 하는데 눈만 움직인 결과였다.

우리가 책을 읽을 때 왜 책이 눈에 들어오지 않는 것일까? 책을 읽다가 자꾸만 다른 미지의 세계로 빠져들게 된다. 그 이유는 다음과 같다.

첫째, 의무감으로 읽었기 때문이다.

제일 재미없게 읽은 책은 의무감으로 읽은 책이다. 처음 독서활동을 시작할 때 의무적으로 책을 읽어야 했다. 독서토론을 하기 위해 책을 읽어야 했다. 의무감으로 책을 읽을 때 책만 보면 잠이 쏟아졌다. 책을 읽고 난 후 방금 읽은 책 내용이 생각나지도 않았다. 분명히 나는 책을 읽었는데 돌아서면 머릿속이 백지가 되는 것이었다.

둘째, 배경지식 부족이다.

내가 읽는 책에 대한 배경지식이 부족하면 책을 아무리 읽어도 머릿속에 들어오지 않는다. 배경지식의 부족은 책을 읽을 때 책 내용이 어렵게만 느껴진다. 책에서 이야기하는 내용이 전혀 이해가 되지 않는다. 그 이후에는 책 읽기는 어렵다는 고정관념을 가지게 된다.

셋째, 어휘력 부족이다.

책은 글로 이루어져 있다. 우리가 사용하는 말로 만들어지지 않았다. 말은 잘하지만 책으로 읽으면 이해되지 않고 힘든 이유이다. 글자가 뜻하는 것을 올바르게 이해를 할 수 있어야 한다. 책을 잘 읽으려면 풍부한 어휘력이 필요하다. 반대로 생각하면 책을 많이 읽은 사람들이 풍부한 어휘력을 사용할 수 있는 것이다. 그렇다고 걱정을 할 필요가 없다. 나의 수준에 맞는 책부터 천천히 읽어나가면 된다. 책을 계속 읽다보면 어휘력의 양과 수준이 올라가게 된다.

넷째. 이해력 부족이다.

우리가 틀에 박힌 생활을 하다보면 우리의 뇌가 자극을 받는 일이 적어진다. 그러다보면 상황에 대한 이해력과 인지가 떨어지게 된다. 반복된 일상에 갇힌 뇌가 굳어버린 것이다. 이해력과 인지를 높이고 뇌를 자극하기 위해서는 일상에서 작은 변화를 주는 것이다. 익숙한 곳을 방문할 때는 같은 길을 가는 것이 아니라 내일은 다른 길로 다양한 방법으로 걸어 보는 것이다.

책을 읽을 때도 한 종류의 책이 아니라 다양한 종류의 책을 보는 것이다. 다양한 자극을 통해 뇌의 한 부분인 전두엽을 활성화시킬 수 있다. 전두엽은 고도의 사고능력을 담당하는 기관이다.

어느 정도 책을 읽고 독서량이 쌓이면 책 읽기가 한결 편안해진다. 그 이후부터는 책을 읽으면서 내 마음에 와닿는 문구에만 집중했다. 내 마음을 사로잡는 문구의 앞뒤 좌우만 자세하게 읽었다. 오직 문구에만 집중해서 보고 듣고 느끼는 것이다. 책에는 저자가 하고 싶은 말이 있다. 그 말을 찾아서 읽거나 나에게 필요한 한 줄을 메모하고 필사했다. 그러면 그 글은 내 것이 되었다.

독서만 해도 인생이 즐겁다

"배우고 때때로 익히면 기쁘지 아니한가? 멀리서 친구가 찾아오니 또한 즐겁지 아니한가?

사람들이 나를 알아주지 않아도 화를 내지 않음이 또한 군자가 아니겠는가? 남이 나를 알아주지 않음을 걱정하지 말고, 내가 남을 알아보지 못할까 안타까울 따름이다."

– 공자, 《논어》

'배우고 때때로 익히면 기쁘지 아니한가. 이 구절을 학교 다니면서 공부하기가 싫어질 때 마다 한 번씩 되새겼다. 세상에서 가장 큰 즐거움이 배우고 익히는 삶이다. 내가 배우고 익히고 있으면 내가 찾아가지 않아도 멀리서 소문을 듣고 나를 찾아온다. 우리가 배우고 익히는 즐거움을 알게 된다면 우리의 인생은 즐거워지는 것이다. 내가 배우고 익힌 것을 다른 사람들에게 알려 줄 때의 기분은 기쁨이었다. 내가 배우고 익히는 것을 나누는 기쁨을 통해 많은 친구를 만날 수 있다.

큰 부나 명예를 축적한 성공한 사람들의 공통적인 취미는 독서라고 말한다. 1년에 책 50권 이상을 읽는다는 빌 게이츠(Bill Gates), 하루의 80%를 독서에 시간을 쏟는 워렌 버핏(Warren Buffett)은 "인생을 바꿀 가장 위대한 비책은 독서"라고 했다. 그들 곁엔 항상 책이 있었다.

"소크라테스와 식사를 할 수 있다면 애플의 모든 기술을 그 식사와 바꾸겠다." — *스티브 잡스*(Steve Jobs)

세계 최고의 기술을 가진 애플을 소크라테스(Socrates)와 식사와 바꿀 수 있다고 한 스티브 잡스의 말이다. 이 말을 들었을 때 이해가 되지 않았다. 잡스는 이미 세계 최고의 사람이다. 애플의 모든 기술과 소크라테스와의 식사와 바꿀 필요는 없지 않을까? 내 눈에 잡스는 이미 세상의 모든 것을 다 가진 것처럼 보였다.

성공한 이들이 독서를 선택한 이유는 무엇일까? 우리가 학교에서 배우는 공부, 세미나 등은 일방적인 교육은 수동적으로 배우는 일이다. 그러나 성공한 부자들은 항상 책을 옆에 두고 책을 읽으며 능동적으로 배운다.

책은 우리가 만날 수 없는 사람들을 만나게 해준다. 책을 통해 저자와의 일대일로 만날 수 있다. 책을 통해 저자에게 질문하고 해답을 찾아가는 것이다. 이런 능동적인 독서는 수동적인 공부보다 훨씬 재미가 있다. 성공한 사람들은 대부분 수동적인 삶을 살지 않고 능동적인 삶을 살아가는 사람들이다. 수동적인 삶은 지루함을 주지만 내가 주도하는 능동적인 삶은 활력과 즐거움을 준다.

책 읽기는 어떻게 우리에게 능동적인 살을 살게 하는가? 책을 읽으면 생각의 힘이 길러진다는 이야기를 들어본 적이 있을 것이다.

최진석의 저서 《생각하는 힘, 노자 인문학》에는 '학고창신(學古創新)'이라는 말이 나온다. 학고창신이란 옛것을 배워 새로운 것을 만들어 낸다는 말이다.

책은 저자들의 지식과 경험, 지혜, 노하우를 배울 수 있다. 우리가 책을 읽는다는 것은 저자의 삶을 간접경험하는 것이다. 저자의 이야기를 책을 통해 들으면서 함께 울고 웃고 기뻐하게 된다. 이런 간접경험이 우리에게 앞으로 어떠한 인생을 살아야 하는지에 대한 해답을 찾을 수 있다. 책을 통한 저자와의 만남은 우리의 삶을 더욱 빛나게 해주는 것이다.

책을 통해 얻은 깨달음 지혜는 그 누구도 가르쳐 주지 않던 것들이다. 책은 매일 나에게 찾아오는 많은 위대한 스승들인 것이다.

책을 읽기 시작하면서 무기력한 나의 생활에 활력이 생기기 시작했다. 책 속에는 내가 평소에 궁금하게 여기고 묻고 싶었던 것들에 대한 답이 있었다. 물론 인터넷이나 검색을 통해서도 찾을 수 있다. 하지만 검색이나 인터넷은 내가 원하는 것은 깊은 내용은 담겨 있지 않았다. 단편적인 내용이 대부분이었다. 책 한 권의 내용이 인터넷에는 책의 한 줄, 한 문구, 아니면 책의 내용을 요약한 것들이었다. 바쁘거나 기억이 나지 않거나 이해를 돕기 위한 보조 수단일 뿐이었다. 책은 친절하게 내가 가야 하는 길을 안내해주었고, 힘들면 잠시 쉬었다가 가거나 지름길로 갈 수 있도록 안내를 해주었다.

헨리 데이비드 소로(Henry David Thoreau)의 《월든》을 읽었다. 《월든》을 읽는 동안 내가 소로가 되어 호숫가에 오두막집에 사는 듯한 느낌이었다. 《월든》의 모습들이 햇살, 호수, 바람, 공기, 철새 등이 내 온몸을 감싸는 느낌이었다. 책을 읽는 동안 어릴 적 내가 경험한 시골의 풍경들이 내 눈앞에 펼쳐졌다. 내가 책의 한가운데 서 있는 기분이었다. 책을 읽는 것이 글자만 보는 것이 아니라 영화 한 편을 보는 듯했다. 차가운 겨울바람이 내 피부를 스치는 느낌도 들었다. 이러한 경험은 처음이었다. 책 속의 글들이 더는 죽은 것들이 아니었다. 글이 살아 움직여 내 안에서는 나와 하나가 되는 경험이었다. 책을 읽으면서 느껴지는 나의 감각들이 내가 살아있음을 깨닫게 했다. 이런 경험들이 직접 내가 그 시대 그곳에 있지는 않았지만, 책을 통해서 그곳에 있다는 경험을 한 것이다. 이러한 경험들이 내가 두 개의 삶을 살아가고 있다는 착각마저 들었다. 지금 현재 사람들에게 보이는 나와 책 속에서 몇 개의 삶을 사는 내가 된 것 같았다. 책을 읽는 즐거움 중 하나는 내가 가보지 못하고, 만나보지 못한 사람들을 만나는 것, 책을 통해서는 모든 것이 가능하다. 책 속에서는 내가 주인공이 되어 내가 원하는 무엇이든 할 수 있다.

"너 자신을 알라." — *소크라테스*

책을 읽기 시작한 이후 어느 날부터 내가 이렇게 살아서는 안 되겠다는 생각이 들기 시작했다. 다른 사람들은 자신에게 주어진 환경에 딛고 일어섰는데 왜 나는 못 한 것일까? 하는 의문이 생기기 시작한 것이다. 책을 읽으면서 나에 대한 질문들이 쏟아지기 시작했다.

내가 세상에 태어난 이유에 대해서 그동안 신앙적인 대답만 생각하고 살았다. 책을 읽으면서 종교적인 답변이 아닌 나의 답을 찾기 시작했다. 지금 여기 있는 나는 누구지? 지금 이렇게 살고있는 것이 맞는 것인가 대한 생각들로 가득 차기 시작했다. 남들이 말하는 내가 아닌 내가 나라고 느끼는 나를 찾고 싶어졌다.

내가 나를 관찰하기 시작한 것이었다. 나의 장단점을 살펴보았다. 앞으로 나는 어떤 모습으로 살아야 하는 것에 대해 생각하기 시작했다. 과거의 나와 현재의 나, 미래의 나의 모습은 어떠한 모습일지 궁금했다.

네빌 고다드(Neville Goddard)는 《상상의 힘》에서 '나는~이다. 나는 내가 정의하는 그것이 바로 나'라고 했다. 과거에 했던 생각들이 현재의 내가 된 것이라고 한다. 내가 부정적인 것을 마음에 품으면 그것이 현실에서 부정적인 모습으로 나타나는 것이다. 내 긍정적인 것을 마음에 품으면 긍정적인 열매를 맺는다. 내 마음의 밭에 내가 무엇을 심을지는 내가 결정하는 것이다. 그동안 나는 누구인가에 대해 고민을 했는데 내가 정의 내린 내가 나였다. 내가 어떻게 나를 정의를 내리냐에 따라 미래의 내가 결정된다.

과거의 나는 부정적인 생각으로 가득한 삶이었다. 나에게 희망을 마음에 품어보지도 않았다. 내가 희망과 꿈을 꾼다는 것은 사치로 보였다. 조금 더 나은 것이라고 선택한 것들은 나에게 최악이 되는 경우가 많았다. 과거의 나는 그저 불안과 두려움에 떨며 살아온 기억밖에 나지 않는다. 늘 텅 빈 내 마음은 갈증에 시달렸다. 갈증을 느껴 급하게 마시는 물은 상한 물이었다. 오히려 배탈이 나거나 더 심한 갈증을 느꼈다.

책을 읽기 시작한 이후의 나는 두려움과 불안은 사라졌다. 책이 삶을 어떻게 살아야 하는지 알려주었기 때문이다. 내가 겪는 모든 것들은 이미 다른 사람들도 이미 겪었던 일이었다. 책이 이 모든 것을 어떻게 극복해야 하는지를 알려 준 덕분이다. 책이 내 인생이 등불이 되었다. 이제는 수많은 즐거움과 기쁨 중에서 가장 즐거운 것은 독서가 된 것이다.

극한까지 밀어붙이는 독서

2019년 3월 간호학과 4학년이 되었다. 이 한해만 무사히 지나면 2020년 1월에 간호사 면허시험을 치르면 되었다.

4학년이 되면서 휴학을 해야 하나 하는 고민에 빠졌다. 예전에 투자한 것에 대한 실패가 회복이 되지 않아 경제적으로 힘들어진 것이다. 휴학을 하고 2년 정도 돈을 번 후에 다시 시작할까 고민을 했다. 주변에서 만류했다. 지금 힘든 것은 2년 지난다고 해결되지 않으니 학교를 그만두지 말고 다니라고 했다. 힘들어도 버티고 졸업을 하는 것이 경제적인 문제 해결을 위해서도 낫다고 했다. 가다 보면 다 길이 생긴다는 인생 선배들의 조언이었다. 1년만 버텨 보기로 했다.

아들이 대학 졸업 후 취업을 위해 다른 도시로 떠났다. 내가 학교 다니는 동안 위로와 격려를 해주고 나의 고민을 들어 주는 아들이었다. 물론 아들이 기숙 고등학교에 다니거나, 여행을 위해 몇 개월씩 떠난 적이 있었다. 그때는 부모님이 살아계셔서 혼자 있는 나를 걱정해서 늘 연락하고 챙겨주셨다. 하지만 이제는 내 곁에 아무도 없다는 생각들이 나를 에워싸기 시작했다. 그 감정의 소용돌이는 걷잡을 수 없을 만큼 나를 힘들게 했다.

경제적인 문제도 하나씩 해결되었다. 그러나 나를 우울하고 외롭게 하는 감정들은 나를 밑바닥으로 떨어뜨려 놓았다. 이러한 감정들이 얼마나 위험한 것인지 나는 경험을 통해 그리고 신경정신과 병원실습을 통해 알고 있었다. 우울감과 외로움에 대해서는 잘 알고 있다고 생각했다. 이런 감정들이 나를 집어삼킬 듯이 큰 파도처럼 몰려왔다. 이러한 감정의 파도가 밀려올 때 정신을 차리지 않으면 익사해 버릴 것 같았다.

감정의 파도는 내가 맞서서 싸울 수 있는 상대가 아니다. 이런 감정들을 가진다는 것이 인생의 실패는 아니다. 감정은 내가 살아 있음을 느끼게 해주는 것이다. 죽은 사람은 이런 감정들을 절대로 느끼지 못한다. 하지만 이런 우울과 외로움의 감정들을 느낄 때의 마음은 너무나 고통스럽다. 자신이 이 세상에 혼자 버려진 듯하고 아무것도 하지 못한 존재, 쓸모없는 존재라는 생각들뿐이다. 종일 이런 생각들이 나를 따라다녔다. 밤에 잠을 자려고 누우면 편안하지 못했다. 마음이 불편하니 모든 것이 불편했다. 숙면을 취하지 못하고 뒤척이다 하룻밤을 보내기도 했다.

이러한 시간을 보내는 것이 너무 고통스러웠다. 처음에는 마음이 힘들었는데 시간이 지나자 몸도 힘들어지기 시작했다. 나를 이렇게 두어서는 안 될 것 같은 위기감이 들었다.

간호대학 4학년은 간호사면허시험 준비와 취업 준비를 하는 시기다. 4학년 한 해를 잘 보내야만 간호사면허시험에 합격할 수 있다. 이러한 중요한 시기에 감정의 소용돌이를 만난 것이다. 이런 저런 걱정에 내 머리는 터져버릴 것만 같았다. 공부할 수가 없었다. 공부하는 것을 중단하기로 결심했다. 학교 수업시간에만 집중하기로 했다.

세상의 다른 어떤 것보다 정신적, 육체적 건강이 제일 중요하다고 생각한다. 모든 것을 얻는다 해도 건강을 잃으면 회복하기도 힘들고 돈은 더 많이 들기 때문이다. 학교 공부보다는 나의 건강을 먼저 챙기기로 했다.

어떻게 하면 이 시기를 잘 극복할 수 있을까? 내가 현재 잘할 수 있고 학교생활에 지장을 주지 않는 것들은 무엇이 있는지 찾아보았다. 책이었다. 평소에도 늘 꾸준히 읽고 있는 책이었다. 90일 동안 책 100권 읽기에 도전해보기로 했다. 무조건 하루에 1권 읽고 주말에는 하루에 2권 읽기로 정했다. 이 결심을 하고 난 후 학교도서관에서 책을 빌려왔다. 학교를 마치고 집에 오면 밥을 먹고 잠들기 전까지 책만 읽었다. 한 권 읽기를 끝낸 후 잠자리에 들었다.

간호학과는 특성상 쪽지시험을 자주 본다. 중간고사 기말고사만으로는 공부한 내용을 다 익힐 수 없고 금방 잊어버리기 때문이다. 쪽지시험이나 중간고사, 기말고사, 과제는 대충했다. 시험이라고 문제집을 몇 번 읽어보고는 시험을 친 것이다. 그나마 다행인 것은 2020년 1월에 있을 간호사면허시험대비로 시험문제는 대부분 객관식이었다. 모르는 것은 찍었다. 아니 찍을 수밖에 없었다. 내가 공부를 하지 않았으니 제대로 이해하고 시험을 친 것이 아니었다.

90일 동안 책만 읽었다. 그냥 글자를 읽기만 한 것이다. 90일 동안은 모든 독서법을 잊기로 했다. 그냥 내 감정의 소용돌이에 휘말리지 않기 위해 읽었다. 내 마음속에 일어나는 부정적인 생각들을 차단하기 수단으로 책을 선택한 것이다. 단지 그것뿐이었다.

나의 이런 무모한 도전이 끝났을 때 읽은 책은 100권이 넘었다. 내가 무엇을 읽었는지는 중요하지 않았다. 내가 도전하고 세운 목표에 도달한 자신이 자랑스러웠다. 그동안 내 주위를 감싸고 있었던 부정적인 기운들도 모두 사라져버렸다. 사실 이렇게 될 것이라는 큰 기대는 하지 않았다. 나를 밑바닥까지 끌어 내렸던 부정적 감정들이 사라지자 긍정적인 감정과 생각들이 다시 떠오르기 시작했다.

나는 짜증이 나거나 스트레스를 받을 때 글자를 읽는다. 아이들이 어릴 때 한글을 익히기 위해 밖에 나가면 간판 읽기를 많이 했다. 어느 순간 내가 어린아이가 된 것처럼 밖에 나가면 간판의 글을 읽는다. 버스를 타면 버스 안에 있는 광고의 글도 읽었다. 내 눈에 띄는 모든 글자는 다 읽고 있다.

글자를 읽고 있노라면 내 머릿속이 개운해지고 정리되는 느낌이 든다. 내 머리가 복잡하고 문제들이 있을 때는 먼저 책을 읽는 이유다. 내가 스트레스를 받을 때는 더 책을 열심히 읽었다. 주변의 지인들은 스트레스를 받을 때는 친구들을 만나 술이나 노래방 가서 노래를 부른다. 예전에 나도 그렇게 해보았다. 이 방법은 나에게 맞지 않았다. 오히려 나에게는 더 스트레스가 되었다. 나는 혼자 조용히 혼자만의 시간을 보내는 것이 나에게 맞는 스트레스 관리법이다. 내가 스트레스를 받을 땐 조용히 책을 읽는다고 말하면 특이한 사람이라도 말을 한다. 내가 생각해도 특이하다. 그리고 유익한 스트레스 해소법인 것 같다.

책을 읽기 전에는 스트레스를 받으면 잠을 잤다. 스트레스받을 만한 일이 생기면 뇌 기능이 정지되는 느낌이 들었다. 머릿속이 하얗게 안개가 낀 것 같았다. 더는 어떤 것을 할 힘이 생기지 않는 것이다. 그럴 때면 조용히 누워서 잠을 잤다. 손가락을 들만한 힘도 나지 않았다. 그 당시에는 내가 게을러서 그렇다고 생각했다. 내 몸이 스트레스를 견디지 못해 쉬는 것이었다.

아이를 키울 때도 아이 때문에 속상해서 화를 내거나 잔소리를 하고 나면 피곤이 몰려왔다. 이런 상황을 회피하는 방법으로 어지간한 일에 나는 화를 잘 내지 않는 사람이 되었다. 모든 것을 좋은 쪽으로 생각하는 버릇이 생겼다. 사람을 만날 때도 단점은 잘 보지 않고 장점만 생각한다. 단점은 생각하지 않고 장점만 보다가 냉정하게 제대로 살피지 않아 손해를 보는 경우도 종종 있었다.

책을 읽은 후부터는 잠으로 스트레스를 풀지 않고 책을 읽게 되었다. 복잡한 생각으로 책 내용이 생각나지 않더라도 계속 읽었다. 이것이 습관이 되다보니 피곤하고 힘든 날은 더욱 책을 많이 읽게 된 것이다. 책은 나에게 피로회복제, 영양제인 셈이다.

책을 읽다 보면 재미는 있는데 의자에 앉아있는 것이 힘든 경우가 많다. 책은 읽고 싶은데 의자에 앉아있으면 허리도 아프고 다리도 댕기고 아프다. 나도 처음에는 의자에 앉는 것이 고문이었다. 집에서는 의자에 앉기보다는 눕기의 생활이었다. 일과를 마치고 돌아오면 휴식을 위해 누워있는 것이 가장 편했다. 가정에서도 나를 위한 의자는 식탁의자 정도였다. 아이를 위한 책상과 의자는 있어도 나를 위한 책상과 의자는 없었다. 내가 의자에 앉는 장소는 식탁의자였다. 식탁과 주방이 나만의 편안한 공간이었다.

입학을 하면서 제일 먼저 한 것은 나만의 책상과 의자 구입이었다. 나를 위한 책상을 구입해보기는 처음이었다. 나만의 책상과 의자 구입은 나를 책상에 앉게 해주었다. 내 책상 위에 책을 쌓아둔 모습에서 뿌듯함을 느꼈다. 내 것이 생겼다는 기쁨에 의자랑 조금씩 친해지기 시작했다.

처음에는 당연하게 실패였다. 책상에 앉아 책을 보려고 앉아있으면 갑갑한 마음이 들었다. 학교에 입학하기 전처럼 산으로 공원으로 집밖으로 나가고 싶었다. 여기저기 여행을 하고 싶은 마음으로 가득 찼었다. 지금 당장 밖으로 나가고 싶은 마음이 들었지만 참고 책을 읽기 시작했더니 어느새 그런 마음이 사라졌다. 지금은 밖에 나가는 것보다 집에 종일 앉아서 책을 보는 일이 더 자연스러운 일상이 되어버렸다.

3장

독서로 나이 오십에 간호사의 꿈을 이루다

나를 바꾸어 놓은 간호대학 진학

내 인생에 있어서 나를 내가 원하는 모습으로 바꾸어 놓은 것은 계명문화대학교 간호학과에 진학한 것이었다. 자신조차도 대학 진학으로 내가 이렇게 바뀔 것이라는 생각은 전혀 하지 못했다. 내가 생각한 것은 간호대학을 졸업하면 간호사면허증을 취득할 수 있다는 것뿐이었다. 입학하면서 결심한 것은 '다른 것 신경 쓰지 말고 간호사면허증 취득만 생각하자'였다.

대학 생활은 재미있었다. 그동안 마음 졸이는 세월을 지냈다. 살면서 이런저런 근심, 걱정에 찌들어 살았다. 대학 생활은 그런 걱정을 할 필요가 없었다. 성실하게 출석하고 과제를 제출하면 되었다. 대학 생활을 하면서 내 주변에 있는 사람들이 모두 바뀌어 버렸다. 예전의 대화 내용은 아이, 돈, 불평, 불만, 짜증 나는 일이 대부분이었다. 대학에 오게 되면서 이런 대화들이 사라졌다.

대학 생활을 하면서 대화 내용이 학교생활, 과제로 바뀌었다. 이전에 만나던 사람들과 대화를 할 내용이 사라져 버린 것이다. 대학교 생활로 인해 머리 복잡했던 모든 것이 정리되니 마음이 편해졌다. 나의 눈에 보이는 것은 젊은 아이들의 풋풋한 모습과 희망이 넘치는 즐거운 모습들뿐이었다. 이런 것들을 보고 듣고 생활하니 움츠렸던 내 마음도 펴지고 즐거워졌다.

내가 대학 진학을 한다고 했을 때 주변의 반응은 반대와 찬성으로 갈렸다.

간호대학 진학을 반대하는 지인들의 말이다.

"나이 오십에 대학은 무슨 대학을 가느냐, 지금 하는 일이나 열심히 해라."

"나이가 많아서 졸업해도 취업을 할 곳도 없을 것이다."

"뭐 하려고 고생을 사서 하느냐, 공부하기 어려운데, 특히 간호학과 공부는 더 어렵다고 하는데. 그냥 편하게 살아라."

"졸업하고 취업을 한다 해도 10년만 있으면 퇴직인데, 대학 다니는 동안 쓰는 돈이 더 많겠다."

간호대학의 진학을 찬성하는 지인들이 이야기다.

"대단하네, 어떻게 간호대학에 들어갈 생각을 했어."

"앞으로 잘해 낼 수 있어요. 겁내지 말고 다 하면 됩니다."

"축하해요. 용기가 대단합니다."

"간호사는 내 몸만 건강하면 나이와 관계없이 일을 할 수 있으니, 걱정말고 대학에 가서 공부하세요."

반대하는 사람보다 찬성하고 지지하는 사람들의 숫자가 조금 더 많았다. 내가 간호대학을 진학을 하면서 놀란 것은 나를 지지하고 격려해주는 사람이 많다는 것이었다. 나는 지인 대부분이 무모하다고 반대할 줄 알았다. 막상 뚜껑을 열고 보니 나를 응원해주는 사람들이 더 많았다. 내가 원하는 것에 대해서 반대만 받아오다가 지지와 격려를 들으니 정말 행복했다. 내가 대학 진학을 하는 것에 대해서 아들도 반대할 줄 알았다. 오히려 아들은 지지해주었다. 내가 행복할 수 있는 일을 하라고 했다.

그동안 나 혼자 괜히 겁먹고 지레짐작했던 것이었다. 나 혼자 생각에 아무도 내 편을 들어주지 않을 것이라 생각했는데, 생각보다 내 편이 많았다. 그동안 혼자 겁먹고 살았다는 생각을 하니 억울했다. 그동안 어렵거나 힘든 일이 생기면 혼자 고민을 하고 해결했다. 다들 힘든 일이 있을 때는 혼자 고민하지 말고 이야기하라고 했다. 도와주겠다고 말했다.

내가 대학을 진학함으로써 나는 고마운 사람들의 존재를 알게 되었다. 그동안 나 혼자만이 세계에 갇혀서 꼼짝도 하지 않고 있었다. 따듯한 말 한마디가 사람을 살린 것이다. 지지와 격려가 쓰러진 사람을 일으켜 세우는 힘이 있었다. 내가 사람들에게 따듯한 격려와 지지를 받은 이후에는 나도 다른 사람들을 지지하고 격려하는 사람이 되었다. 말 한마디라도 따뜻하게 나누려는 사람이 된 것이다.

간호대학의 진학으로 얻은 것은 두려움의 극복이었다. 나는 사람들 앞에 서는 것이 부끄럽고 두려운 사람이었다. 중 · 고등학교 시절 발표 시간이면 말 한마디 못하고 몸만 비틀다가 자리로 돌아왔다. 사람들이 나를 바라보는 것이 너무 싫었다. 사람들이 나에게 관심을 주지 않는 것이 편했다. 사람들이 나에 대해서 칭찬이든 그 무엇이든 나에 대한 말을 듣는 것이 부끄러웠다. 어쩌다 수업시간에 교과서 읽기를 시키면 속사포처럼 읽고는 앉아버렸다. 너무 부끄러운 나머지 빠르게 읽어버린 것이다. 이것이 습관이 되다 보니 빠른 말투로 내가 하고 싶은 이야기를 모두 해버리는 것이다. 상대방의 이야기를 듣지도 않고 일단 내 말을 먼저 해버리는 습관이 생긴 것이다. 내가 말을 하는 데 있어 부끄러움과 두려움에 내 말을 듣는 사람에 대한 배려를 전혀 하지 않았다. 내가 간호대학에 진학하지 않았다면 나의 이런 모습을 평생 몰랐을 것이다.

대학 생활은 과제의 천국이었다. 과제하고 발표하다가 한 학기가 다 가는 것 같았다. 돌아서면 과제제출 마감 시간이 돌아왔다. 그나마 개인 과제는 혼자서 만들면 되지만 조별이나 팀별 과제는 함께 해야 한다. 조별 과제는 대부분이 발표까지 해야 했다. 대학에 입학을 했지만 컴퓨터 사용은 익숙하지 않아 과제를 할 때마다 다른 조원들에게 미안했다. 과 동기들이 제일하기 싫어하고 힘들어하는 발표를 내가 하기로 마음을 먹었다. 사람들 앞에 발표한다는 것이 나에게는 굉장히 힘든 일이었지만 해야 하는 일이라고 마음을 바꿨다. 내가 대학을 휴학하지 않는 한 4년 동안 해야 했다.

처음 발표할 때는 눈을 어디에 둘지를 몰랐다. 내 얼굴은 화끈거리고 내 심장은 쿵쾅대서 숨을 쉴 수가 없었다. 덜덜 떨리는 목소리로 첫 발표를 마쳤다. 발표를 마치고 자리에 돌아오는데 다리가 후들거려서 쓰러질 것 같았다. 내가 발표한 것에 대해서 아무도 말을 하지 않았다. 이것이 내게는 큰 도움이 되었다. 만약 이런 저런 말을 했다면 다시는 발표하겠다는 말을 하지 않았을 것이다. 그 이후 나는 조별과제 발표는 스스로 지원해서 대부분을 맡으려고 했다. 사람들 앞에 서는 것이 두려움을 극복해보고 싶었기 때문이다. 발표도 자주 하다보니 발표에 대한 두려움보다 자신감이 조금씩 생겨났다.

학교에 주최하는 강연을 들을 기회가 자주 있었다. 초청된 강사의 강연을 들으면서 나도 저기 서 있는 강사들처럼 많은 사람들 앞에서 나의 스토리를 들려주는 멋진 강연가가 될 것이라는 다짐을 했다. 예전 같으면 생각지도 못한 일이었다.

대학 생활은 나를 마치 20대로 되돌려 놓은 것 같았다. 이것도 하고 싶고 저것도 하고 싶은 사람이 된 것이다. 마음은 내가 원하는 모든 것을 다 이루고 싶은 마음으로 가득 찼다. 가끔은 내 나이를 잊기도 했다. 가끔은 내가 20대인 줄 착각을 한다. 20대 초반의 과 동기들과 만나고 생활하는 일이 많다 보니 내 나이대의 사람들을 만나면 어색할 때도 있다. 늦은 나이에 시작한 대활 생활은 나에게 젊음을 되찾게 해주었다.

2020년 2월 간호대학 졸업을 하고 간호사면허증을 취득했다. 병원 취업에도 성공해서 지금은 신규간호사로 업무를 배우고 있다. 4년 전에는 오직 죽음과 패자의 사고로 가득 찬 삶을 살았었다. 내가 원래 그렇지, 나는 잘못해, 어떻게 하면 빠르게 포기할 수 있을까, 어떻게 하면 잘 죽을 수 있을까를 생각했다. 4년이 지난 지금은 승자의 사고와 앞으로 어떻게 살 것인가, 어떻게 하면 힘든 상황을 이겨낼 수 있을까, 앞으로 어떤 일을 더 해볼까 하는 생각으로 가득 차 있다. 현재는 '왜?'라는 질문보다 '어떻게?'라는 질문을 하는 사람이 되었다. 내게 있어 하루하루는 즐겁고 기쁜 희망에 부푼 삶을 살고 있다. 지금 현재의 내가 이렇게 변했는데 앞으로 미래의 나는 어떤 모습으로 바뀌어 있을지 기대가 된다.

배우는 자와 배우지 않는 자

간호대학을 진학한 이후 내 나름 학구열에 불타기 시작했다. 학교 프로그램의 대부분이 공짜였다. 프로그램을 들으려면 적든 많든 돈을 지불해야 한다고 생각했는데 대학에서는 프로그램 이수 조건을 충족하면 돈을 돌려주었다. 성실하게 프로그램을 이수하면 프로그램 이수 비용이 공짜다! 공짜라면 양잿물도 마신다는 말이 있다. 배우는데 공짜라는 말에 눈이 돌아가버린 것이다. 다양한 체험 프로그램을 신청하고 학과 수업에 지장이 없는 것들은 모두 들었다. 토익 수업, 파워포인트, 엑셀, 워드프로세스, 배드민턴, 도서관 활동 등을 열심히 수강했다. 덕분에 컴퓨터에 문외한이었던 내가 4년 동안 불편함 없이 과제를 만들어 제출할 수 있었다. 프로그램을 통해 학교생활이 친숙하고 편안해졌다.

"나는 세상을 강자와 약자, 성공과 실패로 나누지 않는다. 나는 세상을 배우는 자와 배우지 않는 자로 나눈다."

– *벤자민 바버*(Benjamin Barber)

오랜 세월 동안 나는 배우지 않는 사람으로 살아왔다. 어쩌면 내가 배울 수 있는 많은 기회가 있었을 것이다. 하지만 내가 알지 못하는 사이에 배움의 기회가 지나가버렸을 것이다. 배움은 기회가 오면 놓치지 않고 바로 배워야 한다. 다음에 배운다고 미루어 놓은 것들은 다시 배우기가 쉽지 않다. 배움의 기회가 왔을 때는 이런저런 걱정은 접어두고 일단 배우는 것이다.

지금 배우는 것이 도움이 되지 않는다고 실망을 할 필요는 없다. 지금 현재 배우고 있는 일이 시간이 지난 후에는 유익한 경우가 많다.

"…제가 다녔던 리드 대학은 그 당시 미국에서 최고의 서체 교육이관이었다고 생각합니다. 캠퍼스 전체를 통해 모든 포스터, 모든 표지물들은 손으로 그려진 아름다운 손 글씨로 장식되어 있었습니다. 저는 정규과목들을 더는 들을 필요가 없었기 때문에 이런 글자체들은 어떻게 만드는지를 배워 보려고 서체과목을 듣기 시작했습니다. 당시 저에겐 이런 모든 것이 제 삶에 실제로 응용될 것이라는 생각은 전혀 하지 못했습니다. 그러나 10년 후, 우리가 최초의 매킨토시 컴퓨터를 만들 때 그 모든 것이 도움이 되었습니다.

우리의 맥 컴퓨터는 아름다운 글자체를 가진 최초의 컴퓨터가 되었습니다. 제가 만일 대학의 그 과목들을 듣지 않았다면 맥 컴퓨터는 결코 다양한 서체를 가진 컴퓨터가 될 수 없었을 것입니다.

우리는 미래를 내다보면서 점을 이을 수 없습니다. 우리는 오직 과거를 돌이켜 보면서 점을 이을 수 있을 뿐입니다. 따라서 여러분들은 지금 잇는 점들이 미래의 어떤 시점에 서로 연결될 것이라는 믿음을 가져야만 합니다."

스티브 잡스의 유명한 2005년 스탠포드대학 졸업 축사 연설문이다. 모든 것이 점으로 되어있다가 미래에 연결된다는 것이다. 지금 현재 배우는 것이 하나의 점으로 독립되어 이것을 왜 배울까 하는 생각이 들 때가 많이 있다. 우리가 현재 배우는 것들이 필요하지 않은 것처럼 느껴지지만 어느 순간 점들이 이어져서 나에게로 다가온다.

책을 읽을 때도 처음에는 내용이 연결되지 않거나 이해되지 않은 것들이 많이 있다. 어느 정도의 독서량이 쌓이게 되면 책 속 내용이 서로 연결되어 이해되기 시작한다. 서로 다른 분야의 책들도 어느 순간 연결이 되는 마법 같은 일이 벌어지기도 한다.

"스무 살이든 일흔 살이든 배움을 멈추는 사람이 노인이 되는 것이다."

– 하비 울먼(Harvey Ullman)

우리가 배움을 멈추는 순간이 바로 늙어가는 순간이라고 한다. 하비 울먼의 이 명언은 대학을 다니는 동안 내게 위로가 되었다. 나에게 있어 나이는 단지 숫자에 불과할 뿐이다. 이 명언을 읽고는 더는 내가 배움에 있어 나이를 생각하지 않게 되었다. 내가 배움에 대한 열정이 사라지는 것에 대한 걱정을 했다. 우리가 끊임없이 배우고 있을 때 마음은 늘 즐겁고 기쁨으로 가득 차게 된다. 삶에 대한 애착과 사랑이 넘치게 된다. 계속 배움으로써 다른 사람을 이해하고 품어줄 수가 있다. 끊임없이 배우는 것이 우리가 평생을 늙지 않고 젊게 사는 비결이다. 우리가 늘 젊은 사람처럼 살아가려면 어떻게 배워야 할까?

우리는 공부를 해야 한다고 말을 한다. '공부란 무엇인가? 공부가 왜 필요한가?'라는 질문은 많은 사람들이 던지는 질문이다.

공부는 사람으로 태어났으면 당연하게 하는 일이라고 생각했다. 공부하지 않으면 사회에서 도태된다고 생각한 것이다. 남들이 다하는 것이니까 나도 해야 하는 공부가 되어 버린 것이다. 이것은 공부의 진정한 의미를 잊은 채 아이들을 똑같은 사람으로 만들기 위한 공부였다.

진짜 공부란 어떤 것일까? 《생각의 힘, 노자 인문학》의 저자 최진석 교수는 "공부는 내가 나를 표현하기 위한 수단, 내가 행복한 삶을 누리기 위한 수단이다. 자기를 표현이 안 되는 공부는 끊어라"라고 했다. 또 노자는 '학(學)'에 대해 날마다 뭔가를 더하는 행위라고 했다. 학의 기본적인 의미는 모방한다는 것이며, 모든 공부의 출발은 따라 한다는 것이다. 라고 한다. 이렇게 공부한 것은 어느 단계가 되면 멈추어야 한다. 왜냐하면, 생각해야 하기 때문이다. 생각한다는 것은 철학을 한다는 것이다. 생각하는 능력은 인간만이 가진 탁월한 능력이다. 모방한 것들을 나의 것으로 만들기 위해서는 생각의 시간이 필요하다. 생각을 통해 내가 무엇을 해야 하는가 하지 말아야 알아가는 것이다. 이것을 아는 것으로 두지 말고 실천하는 삶을 살아가는 것이다.

진정한 공부는 나를 찾고 내 인생의 주인공으로 살아가는 것이다. 내가 온전한 내가 되었을 때 진정한 행복이고 공부인 것이다.

공부는 내가 행복하다고 느끼기에 행복한 것을 배우는 것이다. 우리가 행복한 삶을 위해서 무엇을 해야 할지 모를 때도 있다. 그럴 때를 위해 지금 우리는 배우고 있다. 그러나 그 길이 아닐 때는 바로 뒤돌아서야 한다. 공부는 내가 원하는 것을 얻기 위해서 하는 것이다.

세상에는 수많은 길이 있다. 그 중에서 내가 원하는 것이 다른 사람들과 같을 수는 없다. 내가 느끼는 행복이 다른 사람에게는 시시한 것이 될 수도 있는 것이다. 내 행복의 기준은 내가 정하는 것이다.

공부한다는 것에 대해 세상에는 늦은 것은 없다고 생각한다. 다만 우리가 늦게 만난 것뿐이다. 간호대학을 젊은 시절에 진학하기를 원했지만, 뜻대로 되지 않았다. 쉰이 다 된 나이가 되었을 때, 언니의 간곡한 권유로 간호대학에 진학했다. 입학한 이후 나의 공부는 시작되었다. 내가 생각한 공부라는 것은 간호학과의 학문을 배우는 것도 일부 포함되어있다. 하지만 나의 진정한 공부의 시작은 책 읽기였다.

책을 읽기 전에는 아들에게도 공부하라는 잔소리를 하며 학점에 신경을 썼다. 내가 직접 학교공부를 시작하면서부터는 공부하라 말은 하지 않았다. 공부보다는 나를 행복하게 만드는 일을 찾아서 하라고 하고 있다. 하는 일이 힘들다고 그만두라는 뜻은 아니다. 나를 행복하게 만들고 24시간 일을 해도 즐겁다면 그 일을 선택하라고 했다. 책 읽기를 하면서 공부에 대한 내 생각이 변한 것이었다.

나는 꿈꾸는 간호사입니다

나의 지난 세월은 꿈을 꾸지 않는 삶이었다. 내게 있어 꿈이라는 것은 사치품처럼 느껴졌다. 내가 꿈을 꾸는 것은 이뤄지지 않는다는 생각을 했다. 오히려 꿈을 꾸지 않고 기대하지 않는 삶이 편안했다. 아무런 기대가 없는 삶은 내가 실망을 할 것이 없어 마음이 편안했다. 어쩌다 한 번씩 기대하지 않은 일이나 갑작스러운 행운에 찾아오면 기뻐하는 사람이었다.

나는 이런 행동을 하며 꿈을 이루기 위해 노력하지 않는 사람이었다. 나에게 주어진 일들에 대해서만 하는 수동적인 삶을 살았다. 누군가가 나에게 오늘 내가 달성해야 할 목표를 주면 달리는 사람이 나였다. 왜 그래야만 하는지에 대해 의문을 제기하지 않았다. 내가 무엇을 하겠다는 목표를 정하며 살지 않았다. 하루하루가 지겨워서 빨리 나이가 들어 죽음을 맞이했으면 좋겠다는 생각도 자주 했다. 내가 주인이 되지 않는 삶은 고통이었다.

내가 아닌 다른 사람들은 모두 행복해 보였다. 나만 어둠의 세계에 살고, 다른 사람들은 빛의 세계에 살고 있는 것 같았다.

성공한 사람들은 대부분 자신만의 꿈을 가지고 있었다. 그들이 항상 가슴에 꿈을 품고 살았다. 그들의 현실은 누구보다 초라하고 힘든 시기를 보냈다. 그래도 그들은 자신이 품은 꿈 때문에 힘든 현실을 견디어 낸 사람들이다.

우리 주위에는 꿈보다는 생계를 위해 일하는 사람들이 대부분이다. 이런 사람들은 일에 대한 열정이나 미래에 대한 희망을 품지 않는다. 오늘 하루가 아무 일 없이 지나간 것에 안도하며 지낸다. 반면에 자신의 일에 대한 열정과 기쁨이 있는 사람들은 어떻게 살까? 그들은 '어떻게 하면 좀 더 나은 성과를 발휘할 수 있을까?', '어떻게 하면 일을 더 잘할 수 있을까?' 고민한다. 이런 고민으로 자기계발을 시작한다. 어떠한 일을 하던 자신이 일의 주인공이 되어 일을 한다.

이 두 사람 중 어떤 사람이 성공적인 인생을 살아갈 수 있을까? 이 두 사람 중 나는 어떤 사람이 되고 싶은가? 사람들은 대부분 후자의 삶을 원한다. 자신이 원하는 일을 하며 삶을 살아갈 때 우리는 행복한 생활을 할 수 있다.

대학에 입학하면서 나의 꿈에 대해 생각하기 시작했다. 당시 나의 꿈은 단 하나뿐이었다. 4년간의 간호대학을 무사히 졸업하고 간호사면허증을 취득하는 것. 그 외에는 다른 꿈을 생각하지 않았다. 그러나 책 읽기를 하면서 또 다른 꿈을 꾸고 이루고 싶어졌다. 대학을 졸업하고 간호사면허증을 취득하는 것이 아닌 또 다른 꿈이 있을 것만 같았다.

우리가 잘 아는 월트 디즈니(Walt Disney)가 있다. 디즈니를 모르는 사람은 없다. 성장하면서 그의 만화 영화를 보지 않은 사람도 없을 것이다.

그는 어릴 적 아버지로부터 잦은 핍박과 폭력에 시달렸다. 디즈니는 그림 그리기를 즐기면서 어려운 상황을 이겨냈다. 하지만 그의 재능은 무시당하기 일쑤였다. 만화가로서 소질이 없다는 충고를 받기도 했다. 그림에 대한 재능이 없다고 해고를 당한 사람이었다. 남들이 재능이 없다는 이야기를 기울이거나 좌절하지 않고 꿈을 꾸고 행동했다. 그는 자신만의 꿈을 꾸고 꿈을 실현한 사람이었다. 그는 누구도 이루지 못하는 일을 해냈다. 어린이들에게 꿈과 재미를 선사하는 사람이 된 것이다.

디즈니는 꿈을 이루는 방법에 대해 다음과 같이 말해주고 있다.

1. 생각하라. 믿어라. 꿈꿔라. 도전하라.

2. 꿈을 끝까지 추구할 용기가 있다면 우리의 꿈들은 모두 실현될 수 있다.

3. 꿈을 꿀 수 있다면, 이룰 수 있다. 나는 생쥐 한 마리로 시작했다는 것을 늘 기억하라.

4. 무엇인가 시작하려면 입을 다물고 몸을 움직여라.

5. 아이디어가 이루어질 때까지 재현하라.

6. 웃음은 유행을 타지 않고, 상상력은 나이를 따지지 않고, 꿈은 영원하다.

7. 불가능한 일을 하는 재미가 있다.

8. 호기심이 있다면 수많은 흥미로운 일들을 발견할 수 있다.

9. 걱정하지 마라. 걱정한다고 더 나아지지 않는다.

10. 책 속에는 보물섬에 있는 모든 해적들의 노획물보다 더 값진 보물이 있다.

꿈을 꾸고 성공한 사람들은 행동하는 사람들이다. 꿈만 꾸고 있다고 꿈이 이루어지지 않는다. 꿈을 꾸고 도전하는 것이다. 디즈니도 책 속에 보물이 있다고 한다. 우리의 보물을 캐내기 위해서는 책을 읽어야 한다.

많은 사람이 꿈을 꾸지만 이루지 못하는 이유는 무엇일까? 꿈을 꾸는 사람은 많은데 꿈을 이루는 사람은 적다. 내가 꿈을 이루지 못한 이유에 대해 다섯 가지를 찾아보았다.

첫째, 용기가 부족하기 때문이다.

내가 원하고 하고 싶은 것이 있다면 할 수 있는 용기가 있어야 한다. 나도 내가 간절히 원하는 것이 있지만 용기가 없었다. 원하는 것을 이루고 싶은 마음보다 두려움이 앞섰다. 내가 원하는 것을 이루기보다 편안함을 선택한 것이다.

둘째, 모든 것이 한 방에 이루어질 것이라는 생각 때문이다.

성공한 사람들은 운이 좋아 하루아침에 성공했다고 오해하기 때문이다. 그 사람이 성공하기 위해서 오랜 시간이 걸린다는 것을 생각하지 못한다. 성공한 사람의 모습을 살펴보면 수많은 노력과 땀, 시간이 있었다. 어떤 것을 이루기 위해는 한방에 이루어졌다는 생각을 버려야 한다.

셋째, 남 탓하기다.

내 꿈을 이루지 못한 것을 남 탓을 한다. 나도 나의 꿈을 이루지 못한 것을 부모님 탓을 많이 했다. 부모님의 반대로 간호대학 진학을 못했다고 늘 원망했다. 남 탓을 하는 것은 내가 잘못했다고 인정하는 것보다 편하다. 남들의 동정심도 유발한다. 나의 꿈을 이루기 위해 내가 행동해야 한다. 꿈이 있다면 꿈을 이루는 것은 나의 책임이다. 남을 원망하거나 미워해서는 안 된다.

넷째, 내 꿈을 위해 다른 사람의 도움을 기대한다.

내가 용기가 없어 꿈을 실현하지 못했지만 다른 사람이 내 꿈을 이룰 수 있게 도와줄 것이라 생각했다. 누군가가 내 인생에 대한 해답을 가지고 있을 것이라고 기대했다. 다른 사람들의 말에 귀를 기울였다. 내가 내 꿈을 어떻게 실현할 수 있을 것인가에 대한 생각은 하지 않았다. 다른 사람들의 조언에 귀를 기울이다 세월만 보냈다. 내가 가고 싶었던 길을 긴 세월을 돌아서 오게 된 것이다. 나의 꿈을 이루는 것은 자신만이 도울 수 있는 것이다.

다섯째, 현실에 안주하는 것이다.

내가 꾸었던 꿈은 한여름 밤의 꿈이라 생각하고 잊어버렸다. 간호사가 되고 싶다는 꿈은 사춘기 때 누구나 꾸는 꿈 중에 하나라고 생각했다. 결혼하고 아이를 키우면서 그 꿈들을 모두 잊게 되었다. '어릴 적 내 꿈은 간호사였다'라며 한 번씩 이야기할 뿐이었다. 아이를 키우면서 내 꿈에 대해 생각하지 않았다. 아이의 꿈에 더 신경을 썼다. 아이의 꿈이 무엇인지 물어보고 그 꿈을 이루기 위해 무엇을 준비해야 하는가만 생각했다. 이루지 못한 꿈에 대한 생각을 하는 것보다 현실이 편안했다. 현실에 안주하고 꿈을 꾸지 않는 삶을 살았다. 매일 반복되는 평화로운 일상들이 좋았다. 꿈을 더는 생각할 필요가 없었다. 내 꿈보다 아이의 꿈이 더 중요하게 생각했던 것이다.

나이 쉰에 간호대학을 졸업하고 간호사가 되었다. 간호사면허 국가고시를 끝내고 난 후, 이제는 '어떤 꿈을 꾸고 도전할 것인가'

에 대한 생각을 했다. 간호사로서 직장에 출퇴근하고 급여 날이 되면 그것에 만족하는 간호사는 되고 싶지 않았다. 간호사이면서 동시에 또 다른 의미 있는 일을 하고 싶었다.

지금은 꿈을 이루지 못한 다섯 가지 이유에 대해 생각하지 않는다. 어떻게 하면 나의 꿈을 이룰 수 있을 것인가에 대한 방법을 찾고 있다. 하나의 꿈은 또 다른 꿈을 찾고 이루게 해주는 것 같다. 내가 꿈꾸고 이루고 싶은 것들이 날마다 샘솟듯이 솟아나고 있다. 꿈을 생각할 수 있는 하루하루가 있어 행복하다.

내가 간호대학에 입학한 이유

나이 쉰이 넘어 간호대학을 졸업했다고 말하면 다들 깜짝 놀란다. '무슨 특별한 사연이 있을 것'이라고 생각하는 듯 하다. 간호조무사로서 병원 일을 하다가 간호대학에 진학했을 것이라는 추측도 많이 했다.

아들이 고등학교 졸업 후 대학에 진학했다. 그러고 나니 나의 노후를 위해서 안정적인 직장에 취업을 해야겠다는 생각을 했다. 막상 취업하려니 갈 만한 곳이 없었다. 내가 갈 수 있는 곳은 영업직 일자리였다. 영업직 일자리는 나하고는 맞지 않은 일이었다. 내가 오랫동안 할 수 있는 일은 아니었다. 이런 고민을 하고 있을 때 포항에 사는 언니에게서 전화가 왔다. 간호대학에 진학하라는 말이었다. 이제 돈을 열심히 벌어야 할 시기에 내가 간호대학을 가는 것은 말이 안 된다고 했다. 일단 다른 생각은 하지 말고 간호대학을 가라고 조언했다. 간호대학 진학은 내가 계획하거나 의도한 일은 아니었다. 언니의 강력한 권유에 의해서였다. 앞으로 딴 생각은 절대 하지 말고 간호대학 진학만 생각하라고 했다. 어떻게 하면 진학을 할 수 있는지 알아보라고 했다. 진학을 위한 공부가 필요하면 대학입시 학원에 다녀서라도 공부를 시작하라고 했다.

1년이라는 긴 시간 동안 언니는 계속 내게 전화했다. 간호대학 진학을 해야 한다는 것 잊지 말고 준비는 잘하며, 잘 지내고 있는지 확인했다. 그 당시의 나는 여러 가지 인생의 사건으로 인해 만신창이가 되어있었다. 내가 손을 대는 것마다 모두 실패였다. 내 인생의 시간과 돈을 모두 잃어버린 것이다. 계속된 실패로 내게는 삶보다 죽음이 오히려 편하겠다는 생각이 들었다. 내가 죽으면 다른 사람들에게 민폐를 끼치지 않을 것 같았다. 내가 힘든 현실에서 벗어나려고 내가 몸부림을 칠수록 모든 일은 꼬이기만 했다. 너무나 속상한 나머지 내가 죽으면 이러한 일을 겪지 않을 것 같았다. 모든 사람에 대한 원망과 미움만이 가득한 시기였다.

언니가 이런 내 마음을 눈치챘다. 평소에는 전화를 잘하는 언니가 아니었다. 아들도 다 자라서 대학에 진학을 했으니 이제 내가 원하는 것을 하며 살라고 했다. 보통 사람들은 어느 정도 나이가 들고 아이들이 자라면 여행 등 취미생활을 시작한다. 나 또한 언니가 제시한 간호대학진학은 전혀 생각해보지 않은 일이었다.

내가 지원할 수 있는 대학의 입학지원이 끝난 뒤라 일단 1년 동안 병원에서 일을 하기로 했다. 조금 더 일찍 알았으면 취업을 하지 않고 바로 간호대학에 진학했을 것이다. 25년 전에 내가 취득한 간호조무사 자격증으로 병원 취업이 가능하다는 사실도 알았다. 병원에 간호조무사 자격증과 이력서를 넣었더니 바로 취업이 되었다. 간호조무사도 자격증만 있었지 25년 동안 쉬어서 아는 것이 없었다. 아는 것이 없으니 힘들어서 그만두고 싶다고 언니에게 투덜거렸다. 그때마다 "네 나이에 취업할 때도 잘 없으니까, 그냥 다녀라. 다니다 보면 잘하게 된다. 꼭 간호대학 입학원서 넣는 것 잊지 말고"라고 격려해주었다.

언니가 아무리 간호대학 진학을 권해도 나는 가고 싶지 않았다. 이 늦은 나이에 간호대학을 간다는 생각조차 하기 싫었다. 간호조무사로서 병원 생활하는 것도 시간이 지나니 차츰 괜찮아지고 편안해졌다. 간호대학에 다니는 것은 이미 늦은 일이라고 생각했다. 언니의 생각은 달랐다. 간호대학에 진학하는 것은 자존감의 문제라고 하였다. '간호사면허증만 있으면 건강이 허락하는 어느 곳에서나 간호사로 일할 수 있으니 노후 걱정이 없다. 나이가 들면 자식들은 자기 살기 바쁘니 나의 노후는 이제 내가 미리 챙겨야 한다'라고 했다. 언니는 거의 매일 간호대학을 진학하라고 재촉해댔다. 내가 중간에 포기하고 입학지원서를 넣지 않을까 걱정하는 것이었다. 일단은 한 개씩 해나가기로 했다. 합격은 나중에 생각하더라도 간호대학 입학지원서만이라도 제출하기로 마음먹었다.

내가 입학지원서를 넣는다는 것만으로도 대단한 일이었다. 그 당시에는 나에게 익숙하지 않은 일을 하는 것은 굉장히 힘든 일이었다. 그것만으로도 나는 내가 대단하게 느껴졌다. 낯선 사람들을 만나서 원서를 준비하고 지원하는 일이 내게는 힘든 것이었다. 간호대학에 합격했다는 소식을 듣자 언니가 감격의 눈물을 흘렸다. 내가 더 감격하고 울어야 하는데 언니가 더 좋아한 것이다. 언니는 조카들이 대학에 입학했을 때보다 더 기쁘다고 해주었다.

병원 생활도 1년 여가 되니 어느 정도 익숙해졌다. 익숙함을 좋아하는 나는 간호대학에 입학을 하는 것이 싫어졌다. 간호대학에 합격을 했다는 것만 기억하고 싶었다. 도저히 공부할 자신도 없었고 낯선 환경 속에 살아가기가 싫었기 때문이다. 언니는 합격했다는 것보다 학교에 조금이라도 다녔다는 것이 낫지 않겠냐고 했다. '등록금 아깝다' 생각하지 말고 일단 가보고 힘들면, 그만두어도 좋다고 했다. 어쩌면 이제 이것이 내 인생에서 가장 좋은 마지막 기회일 수도 있다는 말이었다. 가보지 않고 후회하는 것보다 가보고 후회하는 것이 낫다는 생각이 들었다. 사람이 죽을 때 후회하는 것이 하고 싶은 일을 해보지 않고 죽는 것이라고 했다. 나도 죽기 전에 간호대학에 다녀보기로 했다. 지금 죽으나 간호대학을 졸업하고 죽으나 나에겐 별 차이가 없어 보인 것이다. 일단 죽어야겠다는 생각은 4년 후로 미루기로 했다.

언니는 결혼 후 평생을 집안 살림만 했다. 그러다 나이 50세가 넘어 요양보호사를 자격증을 취득하고 노인요양병원에서 일을 하고 있었다. 언니도 처음에는 요양보호사라는 직업을 가지려는 마음보다 갱년기 탈출구로 공부를 했다. 자격증을 딴 후에는 가끔 아는 분들의 부탁으로 요양병원에서 아르바이트만 한다고 했다. 그러던 어느 날 정식 취업을 하고 요양보호사의 일을 하기 시작했다. 언니 가족들의 반대가 심했다. 집안에 살림만 하던 사람이 직장을 다니기 시작하니 가족들이 불편한 것이었다. 몇 년 동안 언니도 가족들의 반대로 마음이 힘들었지만 일을 시작하면서 건강해지고 갱년기가 있는 줄도 모르고 지나갔다고 했다.

병원 생활을 하면서 겪은 경험들을 이야기해주었다. '40대 간호조무사들이 간호대학에 진학하고 간호사가 되었다'고 했다. '네가 하면 더 잘할 수 있을 것'이라고 했다. 언니는 이러한 소식들을 조금 더 일찍 말해주지 못한 것에 대해서 오히려 아쉬워했다.

나의 인생에서 마지막 할 일이라고 생각하고 간호대학을 선택했다. 하지만 간호대학 입학은 인생의 마지막이 아니라 새로운 인생의 시작이 되었다.

간호대학에서 실습하면서 환자들의 죽음을 자주 목격했다. 나의 부모님도 내가 대학교 2학년 때 8개월간의 차이로 다 돌아가셨다. 두 분의 죽음을 겪으면서 내가 죽음을 너무 가볍게 생각했다는 것을 알았다. 부모님의 죽음은 우리 형제들 모두를 힘들게 했다. 환자들의 죽음을 대하며 한 영혼이 수 초 만에 사라지는 것을 보았다. 이후 나는 죽음보다는 어떻게 살아남을 것인가에 초점을 두기 시작했다. 지금은 죽음에 관한 생각이 떠오르지 않는다.

사람들은 죽기 전에 가장 후회하는 것은 하고 싶은 일을 해보지 않았다는 것이다. 사람은 언젠가는 죽을 것이다. 내가 원하든 원하지 않았던 언젠가는 죽는다. 어차피 죽을 것 하고 싶은 일이나 실컷 하고 죽어야겠다는 생각이 들었다.

삶과 죽음은 종이 한 장 차이다. 우리에게 죽음이 있다는 생각을 하면 사람이 겸손해진다. 이 세상에 내가 눈을 감으면 떠나버릴 것들이다. 다른 사람들에게 상처를 주는 않으려고 애를 쓰게 된다. 다른 사람들이 나에게 잘못한 모든 것이 용서된다. 내가 잘못한 행동으로 상처를 준 모든 사람에게 용서를 빌게 된다. 남들이 잘못한 것이라고 생각했지만 나도 거기에 동조했기 때문에 일어난 일이었다. 모든 것이 나의 선택인 것이다. 모든 잘못은 나로부터 시작된다.

죽음을 생각하면 모든 것을 사랑하게 된다. 이 세상에 소중하지 않은 것이 없다. 세상의 모든 것이 다 소중하다.

"왜 살아야 하는지 아는 사람은 그 어떤 상황이 와도 견뎌낼 수 있다."

- 프리드리히 니체(Friedrich Nietzsche)

대학 입학 전에 나는 죽어야 할 이유에 대해서만 생각했다. 간호대학을 입학하고 책을 만난 이후부터는 내가 왜 살아야 하나에 대해서만 생각한다. 내가 사는 이유는 내가 사랑하는 사람들에게 나로 인해 상처주는 일을 하고 싶지 않기 때문이다. 사랑하는 이들의 죽음이 남아 있는 사람들의 마음을 얼마나 아프게 하는지, 애도의 과정을 극복하는 것이 얼마나 힘든지를 깨달았다.

사람은 누구나 이 세상에 태어나 해야 할 사명들이 있다. 나도 나의 사명을 감당해야 한다. 나의 사명을 찾아서 그것을 이루는 것이 내 삶의 이유다. 나의 경험을 토대로 어두운 동굴에서 빠져나오지 못하는 사람들에게 어둠을 헤치고 나올 수 있도록 누군가의 손을 잡아주는 사람이 되고 싶다. "나도 했으니 당신도 빠져나올 수 있다"라고 말을 해주고 싶다.

나를 간호사로 만든 것은 책

간호대학 생활은 다들 다른 학과에 비해 공부가 힘들 것이라고 했다. 입학하고 공부를 시작하니 정말 힘든 학과였다. 처음 1학년 1학기에는 주로 교양과목이라 학교생활 적응에 모든 힘을 쏟았다. 어느 정도 시간이 흐르자 학교를 다니는 것이 편안해졌다. 이번에는 다른 복병들이 나를 기다리고 있었다. 매일 있는 쪽지시험이었다. 한 과목이 지나면 또 다른 과목의 시험들이 숨 쉴 틈을 주지 않았다.

우리가 병원에 취업해서 가장 많이 사용하는 것이 의학용어다. '의학용어'를 정규과목으로 배운다. 의학용어를 배울 때도 배우고 난 다음에는 쪽지시험을 쳤다. 다른 과목들도 마찬가지였다. 그 과목마다 나오는 의학용어 시험을 간호대학을 다니는 4년 동안 계속 쪽지시험을 쳤다. 간호학과와 의학용어는 뗄래야 뗄 수 없는 관계였다.

학과 공부에 대한 스트레스로 숨을 쉬지 못할 정도였다. 옆에 있는 친구들도 스트레스로 학교를 휴학하고 싶다는 말을 달고 살았다. 생각했던 것보다 너무 공부가 힘들다고 했다. 한 학기는 쪽지시험, 개인과제, 조별과제, 중간고사, 기말고사, 병원실습 또는 교내 실습, 실기 시험, 과제 발표하기 등이 반복됐다. 나중에는 체력적으로 한계를 느끼기까지 했다. 이러다 쓰러질 것 같다는 생각이 들 지경이었다.

그러다 방학이 되면 1주 정도 휴식을 취한 뒤에는 미친 듯이 아르바이트를 했다. 내 인생에 있어서 이렇게 바쁘게 살아본 것은 처음이었다. 너무 힘이 들 때면 내가 왜 이렇게 미친 듯이 살아가는 것일까 하는 생각을 하곤 했다. 한 번은 방학 때 푹 쉬어보았다. 그랬더니 더 힘들었다. 오히려 머릿속이 더 복잡하기만 했다.

내가 이렇게 미친 듯이 움직이게 하는 힘은 어디에서 나오는 것일까 하는 생각을 해보았다. 나를 움직이게 하는 힘은 바로 책이었다. 내가 무엇인가를 하면서 이것이 될까 하는 생각이 들 때가 있다. 그럴 땐 내가 읽은 책이 '된다, 할 수 있다'라고 말해주었기 때문이다. 책 덕분에 나는 원하는 것을 포기하지 않게 됐다.

처음에 간호대학에 입학했을 당시에는 한 학기를 다녀보고 힘들면 그만두기로 했다. 학교에 다니면서 힘든 경우를 두 가지를 생각했다.

첫째, 우리 아들 또래의 과 동기들과의 갈등으로 인해 학교생활이 힘들 경우였다. 과 동기들의 나이가 아들 또래이고 대학은 팀 과제가 많으니 내가 따라가지 못해 힘들 수도 있다는 생각이었다. 다행히 우리 학교에는 지도교수님이 정해져 있었다. 같은 지도교수님 아래에 모인 과 동기들이 있어 책을 읽고 토론을 했다. 교수님과 함께 밥도 같이 먹으러 가고 다양한 행사를 치렀다. 이런 만남을 통해 얼굴을 자주 보다 보니 어린 과 동기들이 나를 잘 챙겨주었다. 덕분에 나는 힘들지 않은 간호대학 4년을 보내게 되었다.

둘째, 공부가 힘들고 내가 감당할 수 없으면 그만두기로 했다.

공부는 내가 억지로 한다고 할 수 없다는 생각을 했다. 공부의 '공' 자만 생각해도 어지러웠다. 교재만 봐도 머릿속이 하얗게 변했다.

책 읽기로 책과 친해진 이후에는 더는 책이 무서운 존재가 아니었다. 책 읽는 재미에 빠지게 된 이후에는 간호학과 교재를 쳐다보면서 이렇게 되뇌었다. '저 책은 간호학과 교재가 아니다. 저 책은 재미있는 책이다. 내가 좋아하는 추리소설이다. 재미있는 책을 보고 있다. 책읽기는 재미있다'라는 주문을 외웠다.

간호학 교재를 보고 있으면 하면 공부를 시작하기도 전에 두꺼운 교재에 머리를 맞고 기절을 할 것만 같았다. 교재를 안고 계단을 오를 때마다 무거운 교재로 인해 다리가 움직이기 힘들었다. 내가 교재에 대한 생각을 바꾸고 난 뒤에는 교재는 부담스러운 존재가 아니었다. '간호사로서 필요한 지식을 쌓게 해주는 고마운 책'이라는 편안한 마음으로 교재를 대하게 됐다.

환경이 익숙해지면 발을 빼기 싫어하는 성격 탓에 휴학이나 자퇴한다는 말은 하지 않았다. 학교를 그만두면 취업을 하고 새로운 환경에 적응해야 한다는 생각에 그냥 학교를 계속 다니기로 했다.

책 읽기를 하면서 공부에 대한 자신감도 생겼다. 책은 나에게 문제로부터 도망치지 말고 '어떻게'라고 물으면 답이 나온다고 했다. 어떻게 하면 오늘도 즐거운 학교생활을 할 수 있을까 생각했다.

즐거운 학교생활을 위해 내가 한 네 가지가 있다.

첫째, 감사하는 생활이었다. 이 늦은 나이에 학교를 다닐 수 있음에 감사. 잊고 살았던 간호사의 꿈을 이루는 과정에 있음에 감사. 나이 많은 내가 이렇게 젊은 아이들과 함께 배우고 있음에 감사. 아픈 곳 없이 건강해서 학교를 다닐 수 있음에 감사. 좋은 교수님들을 만날 수 있음에 감사. 나를 지지하고 격려해주는 사람들이 있음에 감사했다.

둘째, 학교는 즐거운 곳이다. 학교에 가면 우리를 위해 준비한 다양한 프로그램들이 있다. 내가 원하는 프로그램을 공짜로 수강할 수 있다. 과목마다 다른 교수님이 우리에게 찾아와 많은 것을 가르쳐주신다. 내가 찾아가지 않아도 교수님들이 찾아와서 가르쳐주는 곳이다. 내가 배우기 위해 찾아가지 않아도 되니 참 편리하고 좋은 곳이라고 생각했다. 교수님들은 가르쳐줄 때 친절하셨다. 내가 수업시간에 엉뚱한 대답을 해도 화를 내지 않고 웃으셨다. 여러 가지 질문을 해도 귀찮아하지 않고 이해 될 수 있게 친절하게 설명을 해주었다. 학교는 너무 유익하고 즐거운 곳이라고 생각했다.

셋째, 학교에 다니는 것은 세상에서 가장 쉬운 일이다. 학교생활이 세상에서 가장 쉬운 일이라고 생각했다. 학교에는 물론 시험이 있다. 하지만 성적이 좋지 않다고 해서 상사에게 불려가서 온갖 잔소리와 상사의 화를 듣지 않아도 된다. 성적이 너무 나쁘면 가끔 지도교수님의 걱정 어린 조언을 들을 수는 있다. 간호학과 졸업 요건에 맞는 학점을 이수하면 간호사 국가고시를 칠 수 있다. 세상에서 가장 쉬운 일이 학교를 다니는 것이다.

넷째, 취업에 걱정이 없다. 내가 다니는 간호학과는 학교 다니는 동안에는 무척 힘들다. 반면에 취업에 대한 걱정은 없다. 간호사면허증을 취득하면 어떤 곳이라도 취업이 가능하다. 내가 다른 학과를 다니고 있다면 취업에 대한 고민을 할 수도 있다. 간호학과는 이런 고민을 하지 않아도 된다. 다만 자기가 취업을 원하는 곳이 있다면 그곳에서 원하는 자격요건만 준비하면 된다. 학교를 다니는 동안에 다른 고민할 필요 없이 학교만 빠지지 않고 잘 다니면 되는 것이다.

"인생을 살아가는 데는 오직 두 가지 태도가 있을 뿐이다. 하나는 아무것도 기적이 아닌 것처럼, 다른 하나는 모든 것이 기적인 것처럼 살아가는 것이다." – 알버트 아인슈타인(Albert Einstein)

아인슈타인은 우리가 인생을 살아가는 태도에 대해서 이야기했다. 나의 현재의 삶을 어떻게 바라보는가에 대한 이야기다. 책 속에서 만나는 명언들이 나의 영혼을 깨웠다. 삶에 대한 태도가 중요하다고 나에게 말은 해주었다. 나에게 두 갈래의 길이 있다. 하나는 매일이 기적을 체험하는 하루, 다른 하나는 매일이 그저 따분하고 평범한 하루라며 투덜대는 것이다. 마음은 기적의 하루를 원하면서 나의 입술은 불평과 짜증만을 말했다. 매일의 일상이 기적이 되기를 간절히 원했다. 그러자 어느 날 나의 매일이 기적이 됐다.

아침에 일어나면 아직도 내가 살아있음에 깜짝 놀랐다. 기적이었다. 내가 걸을 수 있고 먹을 수 있다니 기적이었다. 매일 이렇게 건강하게 살 수 있다는 것이 놀라웠다. 쉰의 나이에 대학을 다니는 것도 기적이었다.

책은 나의 태도를 변화시켰다. 태도가 변함으로 인해 힘들고 지친 과정들을 잘 이겨낼 수 있도록 나에게 힘을 주었다. 학교를 다니는 동안 책은 나의 친구, 위로자, 나의 길을 안내해주는 지도자였다.

책이 주는 한 줄의 글이 내게 용기를 주었다. 힘든 순간마다 포기, 절망, 우울함이 아닌 희망, 즐거움, 기쁨, 충만함을 내게 선사해주었다.

자신감이 최고의 무기다

자신감 vs 자만심 vs 자존감

자신감

자신감은 어떤 일에 대해서 뜻한 대로 이루어 낼 수 있다고 스스로의 능력을 믿는 굳센 마음이다. 자신감은 사람들에게 긍정적인 영향을 준다. 자신감이 있는 사람들은 무슨 일을 하던지 않고 주저하지 않고 끝까지 일을 해낸다.

자신감은 어떻게 만들 수 있을까? 누구나 자신감을 갖고 싶을 것이다. 나도 자신감을 무척 가지고 싶었다. 어떻게 하면 자신감을 가질 수 있을까 고민도 많이 했다. 어느 날은 자신감이 하늘을 찔렀다가 어느 날은 풀이 죽다 못해 지하로 들어가는 날도 있었다.

롤러코스터를 타는 자신감이 아닌 매 순간 자신감을 유지하는 비결은 무엇일까?

자신감을 유지하는 비결은 작은 성공이다. 내가 하는 일에 대한 작은 성공들이 모여 자신감이 형성된다. 대학을 오기 전에는 자신감, 자존감이 바닥이었다. 그랬던 내가 현재는 자신감, 자존감이 높아졌다.

자신감은 할 수 있다는 마음이다. 할 수 있다는 마음이 자신감의 시작이다. 할 수 있다는 마음으로 모든 힘든 상황들을 하나씩 해결해 나가는 과정에서 생겨난다.

공부를 못할 것이라 생각했지만 막상 해보니 4점대의 성적을 받았다. 공부도 하면 된다는 자신감을 가지게 되었다. 나는 못 할 거야, 내가 어떻게 그걸 할 수 있을까. 라는 생각했던 일들을 눈을 질끈 감고 일단 도전했다. 도전하니까 이루어졌다.

나의 도전 중 하나가 지리산 천왕봉 하루 만에 갔다 다녀오기가 있었다. 천왕봉 하루 만에 다녀오기 위해 계획을 세웠다. 아침에 자동차를 타고 산청 중산리에 도착을 했다. 중산리에서 천왕봉까지 올라갔다 내려오는 코스였다. 천왕봉에 올라가다 쓰러지는 줄 알았다. 너무 힘들었다. 평소에 산에 오르기 위한 준비도 하지 않고 간 것이다. 무작정 천왕봉 정상 올라가보는 것이었다. 천왕봉 정상은 흐린 날씨 탓에 앞이 보이지 않았다. 너무 추워서 덜덜 떨면서 천왕봉 정상에서 김밥을 먹었다. 내려오는 길은 올라갈 때보다 힘들었다. 다리에 힘이 빠지고 내 다리가 아닌 듯했다. 잘못 하다간 다리를 헛디딜 것 같아 조심스러웠다. 천왕봉을 다녀온 후 며칠 동안 근육통에 시달렸지만 행복했다. 그다음부터는 지리산 천왕봉도 하루 만에 다녀왔는데 라는 자신감에 무엇이든 할 수 있었다.

내가 하는 작은 일에 대한 성공이 자신감을 회복시켜 주었다. 오늘은 '이 책을 한 권 다 읽는다'라는 목표를 세운다. 그때부터 어떻게 하면 이 목표를 성공시킬까라는 생각에 집중을 하면 내가 할 수 있는 가능한 방법들이 생각이 난다. 사람들마다 방법들은 다양할 것이다. 내가 하는 방법 중 하나는 일단 의자에 앉아 책을 펴는 것이다. 오늘 할 일의 일 순위는 책 한권을 모두 읽는 것이다. 이 생각만 했다. 내 몸은 내 생각을 따라주었다. 물론 이것이 하루아침에 이루어지는 것은 아니다. 오늘은 한 장만 읽기부터 시작하면 된다. 어느 순간이 되면 책 한권을 읽게 된다.

"네 시작은 미약했으나, 네 나중은 창대하리라." – 〈욥기〉

이것은 《성경》, 〈욥기〉에 나오는 구절이다. 이 문구는 식당에 가면 많이 봤다. 이 문구들은 사업이나 식당을 운영하는 사람들에게만 적용된다고 생각했다. 이 성경 구절은 모든 것에 적용이 되었다. 우리가 세운 계획들도 이와 같은 것이다. 작은 계획들이 모여서 나중에는 큰 목표를 이룰 수 있는 것이다. 처음부터 너무 큰 목표는 오히려 좌절감과 소심함을 가지게 된다.

작은 성공들이 우리에게는 자신감을 가지게 하는 원천이다. 무엇을 하든지 큰 것을 작게 만든 후 눈을 굴리듯이 뭉쳐나가면 되는 것이다.

자만심

자만심은 과도한 자신감이다. 자신의 능력에 대한 과신이다. 자신감이 지나치면 자만심이 될 수 있다. 예전의 나를 잊고서는 남이 잘하지 못하는 것을 이해하지 않고 무시하게 된다. 나의 옛날 모습을 생각하지 못하고 자만심으로 나보다 나은 사람을 깎아내리기도 한다.

자만심은 나를 망하게 하는 지름길이다. 내가 잘나고 잘한다고 생각하는 순간 모든 일이 꼬이기 시작하고 사람들은 내게서 멀어진다. 남들의 행동이 어리석어 보이고 못한다는 생각을 한다. 다른 사람을 이해하기보다는 내 마음의 잣대로 판단하고 잘못을 지적하는 것이다. 자만심이 사람과 사람 사이를 멀어지게 한다.

자만심은 배우기를 쉬게 된다. 사람은 누구에게서나 배울 것이 있다. 자만심은 내가 최고라는 생각에 배움을 멈추게 된다. 배움을 멈추는 순간 그 자리에 머무는 것이 아니라 퇴보하는 것이다. 항상 겸손한 마음으로 배우려는 사람이 되어야 하는 이유이다.

우리는 이솝우화 '토끼와 거북이'를 잘 알고 있다. 경기에서 질 이유가 하나도 없는데 토끼가 졌다. 이유는 달리다가 낮잠을 잤기 때문이다. 토끼는 자신이 가진 능력만 최고라고 생각하고 거북이의 능력을 무시했기 때문이다. 그 결과 토끼는 낮잠을 편안하게 잤을 것이다. 거북의 능력을 무시하지 않았다면 깊은 잠이 들지 않고 잠시 휴식을 취한 후 달렸을 것이다.

이 이야기를 보면, 사람들도 자기만이 가지고 있는 장점과 실력이 감추어져 있다는 것이다. 그 실력이 내 눈에 보이지 않는다고 사람들을 나보다 낮게 보아서는 안 된다.

자존감

자존감은 자신이 스스로를 존중하고 사랑하는 것이다. 자존감은 다른 사람과 비교를 하는 것이 아니라 어제의 나와 비교를 하는 사람이다. 나를 가장 사랑하고 아껴줄 수 있는 사람은 나 자신이다. 나를 격려하고 지지해주는 사람이다. '너는 잘 할 수 있어, 이제까지 잘 버텨왔잖아'라고 말해주는 사람도 나다. 나만큼 나를 아는 사람은 없다. 내가 무엇이 필요한지 어떤 위로의 말이 필요한지 내가 제일 잘 알고 있다.

내가 먼저 나를 인정하고 나의 있는 모습 그대로 받아들였다. 남들이 인정해주지 않아도 '나는 충분히 괜찮은 사람이다'라는 마음이 들기 시작했다. 내가 나를 안아주었다. 그동안 다른 사람들을 안아주고 격려해주었지만 내가 나를 안아 준 것은 처음이다. 이렇게 살아 있어줘서 너무 고맙다는 생각에 울컥하고 눈물이 났다.

자신감과 자존감의 회복은 학교생활을 적극적으로 하게 해주었다. 내가 하는 것이 정답이 아니어도 괜찮았다. 남들이 시선이나 눈치를 보지 않게 된 것이다. 내가 즐겁고 재밌는 일을 찾아서 했다. 과제 발표 시 긴장을 해서 목소리가 갈라져도 부끄럽지 않았다. 갑자기 튀어나온 고음에 과 동기들이 웃자 내가 웃음을 주었다는 것에 나도 웃었다. 전혀 창피하지 않았다. '나의 작은 실수로 남들에게 웃음을 주다니 참 멋지다'라는 생각을 했다. 그 무엇을 하던 나는 언제나 그대로의 나인 것이다.

학생간호사로서 병원실습을 할 때 부담스러웠다. 아니 정확하게 말하면 실습하는 병원의 간호사 선생님들이 부담스러웠을 것이다. 그럴 때마다 '내 나이가 어때서 배움에는 나이가 없다. 지금 나는 학생간호사다'라고 외쳤다. 내 나이와 관계없이 나의 신분은 학생간호사라는 다짐을 하고 병원실습을 한 것이다. 나이를 생각하지 않고 오직 자신감만 마음에 품고 열심히 병원실습을 다녔다. 병원실습은 오히려 나에게 자신감과 자존감을 높여주는 계기가 됐다. 병원실습을 하면서 만난 환자들과 보호자들이 나에게 아낌없는 응원과 박수를 보내주었기 때문이다. 그들로 인해 내가 간호대학에 진학하기를 정말 잘했다, 내 인생의 최고의 선택이라는 생각을 하게 되는 시간이었다.

현재는 대학을 졸업하고 간호사로 일하고 있다. 얼마 전 병동에서 있었던 일이다. A환자가 나를 아가씨라고 부르는 것이다. 입사한 지 얼마 되지 않아 정신이 없어서 그날은 그냥 듣고 지나갔다. 그다음 날도 나를 아가씨라고 불렀다.

"○○님, 저는 간호사입니다. 아가씨가 아닙니다."

"아가씨라고 불러주면 좋잖아요. 젊어 보인다는 소리니까."

"네, ○○님이 밖에서 저를 아가씨라고 부르면 제가 젊게 봐주어 기분이 좋겠지만, 여기는 제가 다니는 직장입니다. 직장에서는 직장에 맞는 호칭으로 불러주세요."

"아. 그래요."

"네, 여긴 제 직장이니까 간호사로 불러주면 제가 더 기분이 좋을 것 같습니다."

그다음부터는 A환자가 아가씨라고 부르지 않았다. 주로 아가씨라고 부르는 분들은 연세가 높으신 분들이다. 환자가 아가씨라고 부르는 소리에 감정이 상해서 말을 한 것은 아니었다. 환자들은 내가 설명을 하면 바로 호칭을 고쳐서 간호사로 불러주었다.

아직은 신규간호사라서 모든 것이 서툴고 실력이 많이 부족하다. 하지만 나는 나의 일을 사랑하고 좋아한다. 그에 따른 정당한 대가와 존중을 받고 싶었다.

대학 생활과 책 읽기를 통한 자신감과 자존감 회복은 나를 소중히 여기는 사람으로 변하게 만들어주었다.

마지막 관문,
간호사면허 국가고시에 합격하다

우리 대학교 간호학과 일정은 11월 마지막 주 기말고사를 끝으로 지난 4년간의 모든 일정이 끝난다. 12월부터는 간호사면허 국가고시 준비를 해야 하기 때문이다.

교수님이 가장 걱정하는 과목이 의료법규였다. 다른 과목들은 몇 년에 걸쳐 지속적으로 수업을 받는다. 하지만 의료법규는 4학년 2학기 한 번에 끝나버린다. 간호사면허 국가고시의 당락이 대부분 의료법규 때문에 갈린다는 말을 해주었다. 의료법규는 헷갈리는 것들이 문제들이 많이 있었다. 의료법규 책을 꼼꼼하게 살펴보지 않으면 문제를 보다가 헷갈려서 틀린 답을 고르게 된다.

간호사면허시험 일정은 한국보건의료인국가시험원(이하 국시원)에서 주관한다. 10월경에 국시원 홈페이지에서 인터넷으로 원서접수를 받기 시작한다. 간호사면허시험을 치르기 위해 응시원서접수를 하기 전에는 피부로 시험에 대한 부담이 마음에 와닿지 않았다. 원서를 접수한 이후부터는 가슴이 콩닥콩닥 뛰기 시작했다.

적어도 여름방학 때부터는 요점 정리와 취약한 부분 공부를 시작해야 한다고 교수님들이 말씀하셨다. 이야기는 들었지만 준비가 되지 않았다. 여름방학 때도 병원실습을 다니느라 바빴다. 실습을 끝낸 후 몇 주 동안은 읽고 싶은 책을 읽으며 그냥 푹 쉬었다. 응시원서 접수를 시작하자 걱정이 되기 시작했다. 준비한 것이 하나도 없었기 때문이다. 그렇다고 해서 1월에 있을 간호사면허 국가시험을 준비할 시간도 없었다. 중간고사와 과제제출, 그리고 기말고사가 있었다. 마지막 학기에 수업을 하는 교수님들의 스트레스도 많은 듯 했다. 혹여나 하는 마음에 단원이 끝날 때마다 쪽지시험을 쳤다. 이런 상황에 국가고시 준비를 따로 할만한 여력이 남아 있지 않았다.

11월 마지막 주 기말고사까지 다 치르자마자 바로 국가고시 모의고사를 봤다. 숨 돌릴 틈을 주지 않았다. 마치 달리는 말이 되어 계속 채찍질 당하는 기분이었다. 간호사 국가고시를 위해 공부를 하지 않은 상태였다. 발등에 떨어지는 시험과 과제제출, 취업준비로 바쁜 한 해를 보내는 4학년이었다.

간호사 국가고시는 1년에 한 번밖에 없다. 간호사 국가고시에 합격해서 면허를 받아야만 간호사로서 의료인이 되어 근무할 수 있다. 간호대학 4년을 졸업했다고 해도 간호사 국가고시에 합격하지 못하면 어느 곳에서도 간호사로 근무할 수 없다. 간호사 국가고시는 높은 합격률을 자랑한다지만 결코 방심할 수 없다. 방심하는 순간 나도 불합격 명단에 속하는 불상사가 생길 수 있기 때문이다.

기말고사를 마치자마자 치른 모의고사 성적은 불합격이었다. 1~2점의 차이로 불합격이었다. 간호사 국가고시는 과목당 최소 40%, 평균 60% 득점해야 합격이다. 이 점수를 받고 보니 걱정이 되어 밤에 잠이 오지 않았다. 교수님들은 첫 모의고사는 대부분 불합격이 나온다고 했다. 특히 간호과학회 모의고사가 다른 곳보다 어렵다는 말로 우리를 위로해주었다.

12월 한 달 동안 간호사 국가고시 특강이 시작됐다. 모든 과목의 교수님들이 지난 4년 동안에 배운 내용을 토대로 정리를 해주었다. 기출문제 풀이도 해주시면서 설명을 해주었다.

간호사 국가고시는 학교성적에 들어가지 않는 것이니 점수에 신경쓰지 말라고 하셨다. 간호사 국가고시는 합격하는 것이 중요하다고 했다. 마음을 편안하게 공부하라고 했지만, 마음이 편하지가 않았다. 특강을 하고 1주일마다 치른 모의고사는 2번째부터는 합격선을 훨씬 웃도는 성적이었다. 걱정하지 않아도 되었다.

시험을 치를 때 나의 스타일은 아는 것은 확실하게 정답을 체크하지만 잘 모르는 것은 감으로 찍었다. 어차피 모르는 것은

2~3번 읽어봐도 모르는 것이다. 내 머릿속에 저장된 기억력을 믿고 찍었다. 나는 기억을 못하지만 나의 뇌가 제대로 알고 찍을 것이라는 생각을 했다.

문제가 사례형 문제가 나오는 경우는 모든 답이 옳지만 그 중에서 가장 옳은 답을 골라야 한다. 환자에게 해주어야 할 간호가 모두 해당되지만 그 중에서 가장 우선적으로 해주어야 하는 간호를 정답으로 선택해야 하는 것이다. 사례의 경우에는 문제를 제대로 읽어야만 정답을 고를 수 있었다. 사례 문제가 나올 때는 다른 문제를 풀 때보다 몇 배는 집중해서 읽고 이해한 후 답을 선택해야 한다. 왜냐하면 문제를 대충 읽어보면 모든 답이 정답같기 때문이다.

특강과 모의고사가 끝나고 1월부터는 간호사 국가고시를 위한 혼자만의 공부시간이 주어진다. 이때부터는 마음이 흩어지지 않게 해야 한다. 잠깐 한눈판 사이에 몇 주가 훅하고 지나가기 때문이다.

내가 간호사 국가고시를 위해 준비한 문제집은 '빨,노,초'와 '퍼시픽모의고사기출문제집'이었다. 이것은 간호사 국가고시 기출 문제집이었다. '빨,노,초'는 4학년 1학기에 출판사에서 판매하기 위해 방문했다. 쉬는 시간에 영업사원의 이야기를 듣고 구입해놓은 것이다. 구입은 학기 초에 미리 해놓은 것이다. '퍼시픽모의고사기출문제집' 1학년 후배가 나에게 선물로 주었다. 나에게 더 필요한 것 같다고 주었던 것이다. 너무 고마웠다. 다른 아이들은 '7일완성', 출판사 요점정리 책만 보고 하기도 하고 다양한 자기만의 방법으로 공부를 했다.

2020년 1월부터 그동안 한 번도 보지 않은 '빨,노,초'와 '퍼시픽 모의고사기출문제집'을 펼쳤다. 다행히 간호과학회 모의고사보다는 쉬웠다. 교수님들은 해마다 간호사 시험의 난이도가 올라가고 있고 유형이 바뀌고 있다고 했다. 올해 간호사 국가고시가 어려워지면 어쩌나 걱정을 많이 했다.

내가 준비한 책들은 10회 정도의 기출 문제가 실려 있는 것이었다. 기출문제를 5회 정도까지는 현재 우리가 치르고 있는 문제 유형과 비슷해서 풀기가 쉬웠다. 하지만 그 이후부터는 문제 유형과 스타일이 달라서 오히려 문제를 푸는데 혼란만 주었다.

문제집을 5회까지만 풀었다. 내가 공부하는 방식은 일단 문제를 먼저 푸는 것이다. 문제를 푼다기 보다는 아는 것이든 모르는 것이든 최대한 빨리 선택하는 것이었다. 모르는 것도 일단 문제 읽고 내 눈으로 답인 것을 골랐다. 간호사 국가고시 시험을 칠 때 모르는 것을 붙들고만 있을 수는 없기 때문이었다. 자주 나오는 기출문제나 틀린 문제는 따로 표시해두고 한 번 더 살펴보았다. 문제는 항상 긍정적이었다. '다음 중에서 옳은 것은, 가장 옳은 것을 고르세요.' 부정적인 질문의 문제는 제출되지 않는다.

1월 첫 주에는 특강 자료들 챙기고 한 번 읽어보았다. 1월이고 시험도 20여 일밖에 남지 않았는데 무엇인가를 외운다는 것은 어려울 듯했다. 12월에 본 간호과학회 모의고사 문제집을 읽어봤다. 3~4번 정도 읽은 후 다음 '빨,노,초'를 봤다. 혼자 집에서 공부를 하려니 공부가 되지 않았다. 긴장은 되는데 공부가 손에 잡히지 않았다. 혼자 있으니 '4년 동안 공부했는데 떨어지면 어떻게 하지?'라는 부정적인 생각들이 들어오기 시작했다. 4학년 1학기에 공부를 하지 않은 것이 후회도 되었다. 되돌아갈 수도 없었다.

주변에서 간호사 국가고시에 떨어진 사람들에 대한 이야기도 들었다. 대학병원에 합격했지만 간호사 국가고시에 떨어져서 일하다가 짐정리하고 퇴직한 이야기. 남자친구를 만난다고 잠시 한눈을 팔았더니 떨어진 사람들 이야기였다. 간호사 국가고시에 한 번 떨어지고 나면 그다음부터는 재시험을 봐도 떨어질 확률이 높다는 이야기들이 귀에 들려왔다. 한 번 떨어지면 자신감도 없어지고 일을 하면서 공부를 하기 때문에 집중력이 떨어진다는 것이다.

내가 아는 지인 중에도 간호사 국가고시에 불합격한 이후 합격을 하지 못하고 포기한 것을 봤다. 어떤 사람은 해마다 국가고시를 치르지만 해마다 한 과목에서 과락이 나와서 불합격을 했다고 한다. 이런저런 소식을 듣다보니 마음이 불안해지기 시작했다.

친구가 함께 도서관에서 공부하자고 했다. 집에서 버스를 타면 1시간 걸리는 거리였다. 그래도 집에서 산만하게 공부하는 것보다 나은 듯해서 도서관에 갔다. 도서관에 앉아있는 동안에는 집중해서 공부를 했다. 긴장해서인지 숨도 안 쉬어지는 것 같았다. 주말에는 쉬고 약 2주간 도서관에 다녔다. 도서관에 다닌 시간이 내가 제일 집중해서 공부한 시간이다. 시험보기 전 이틀은 푹 쉬었다. 어차피 지금 본다고 합격, 불합격이 갈리지는 않을 것 같았다.

마음이 불안하고 걱정이 될 때는 '내가 불합격을 한다는 것은 우리 학교 아이들이 대부분이 떨어진다는 것이다. 이제까지 학교 역사를 보았을 때 100% 합격이었다. 우리 학교 교수님들의 실력은 최고다.' 이런 생각을 하면서 내 마음을 안정시켰다.

간호사 국가고시를 치른 바로 그날, 저녁 6시에 국시원 홈페이지에 정답과 문제집이 함께 공개됐다. 합격자 발표까지 오랫동안 기다리지 않아도 되는 것이다. 특별히 내가 답안지 표시를 잘못한 것 아닌 이상 바로 합격 여부를 확인할 수 있어서 너무 좋았다. 정답 발표 후 내가 가져온 문제집과 비교하니 합격이었다. 우리 학교 아이들 전부 합격을 한 것이었다. 그 이후부터는 두 다리를 쭉 뻗고 편안하고 즐거운 마음으로 푹 쉬었다.

아르바이트는 처음입니다

대학에 입학하니 과 동기들이 아르바이트 이야기를 많이 했다. 나는 아르바이트를 해본적이 없었다. '나도 아르바이트를 할 수 있을까' 하는 생각을 하였다. 주변에 내가 아르바이트해볼 만한 일을 찾아보았지만 할 만한 일이 눈에 띄지 않았다.

아르바이트를 찾아보아도 대부분 나이가 적은 사람들을 모집했다. 동네의 식당이나 분식집의 아르바이트 자리를 알아봤지만 나이와 시간대가 맞지 않았다. 대부분 내 나이 대의 일자리는 장기적으로 오래 일을 하는 사람들을 모집했다. 내 나이대의 사람이 아르바이트로 일을 하면 나보다 나이가 적은 다른 직원들이 부담스럽다는 것이다.

겨울 방학 때 '쿠팡' 물류센터에서 직원을 모집하는 공고를 보았다. 그리고 나도 지원서를 넣었다. 다행히 합격을 했다. 내가 지원한 것은 야간업무였다. 주간도 있지만 야간을 지원한 이유는 주간보다 급여가 많았기 때문이다. 겨울방학 때 야간 아르바이트를 하기 시작했다. 아르바이트를 시작하면서 사람이 잠을 안 자고 일을 할 수 있을까 하는 생각이 들었다. 쉬는 날 일을 하면 수당이 훨씬 많았다. 그래서 거의 쉬지 않고 일을 해보았다. 사람이 잠을 안 자면 미쳐버리거나 쓰러져서 못 일어날 것이라는 생각을 했다. 아니었다. 2달 동안 1~2일 정도만 쉬고 일을 해도 내 몸이 잘 굴러가는 것이었다. 대신 일을 마치고 집에 돌아오면 뻗어서 잤다. 그렇게 종일 자다가 출근 시간이 되면 좀비처럼 일어나서 출근하는 일상이었다.

쿠팡에서 야간 일을 할 때 처음에는 일에 적응이 되지 않았다. 주문서를 보고 정확하게 물품을 챙겨 와야 하는데 자꾸만 엉뚱한 물건을 챙겨오는 일이 종종 있었다. 비슷한 물품들이나 상품코드가 있다 보니 실수가 있었다. 이것도 한 달 정도 지나니 익숙해져서 실수가 거의 없어졌다. 그 이후 나는 주말이나 방학 때마다 그 아르바이트를 했다. 학교의 과 동기들도 그 아르바이트를 많이 했다. 쿠팡 물류센터 아르바이트의 장점이 하루 일을 하고 나면 그 다음날 바로 입금이 되는 것이었다. 다른 아르바이트처럼 급여를 받기 위해 오래 기다리지 않아도 되었던 것이다. 그래서 과 동기들도 같은 아르바이트를 많이 했다.

그곳에서 많은 사람들을 만났다. 그 사람들과 잠깐씩 쉬는 시간에 이야기를 하거나 일을 할 서로 도와주기도 했다. 이런 좋은 사람들을 만난 덕분에 힘들고 지친 아르바이트를 재미있게 할 수 있었다.

두 번째 아르바이트는 떡 공장 아르바이트였다. 상호명이 '떡보의 하루'였다. 떡을 만드는 곳은 처음이었다. 떡은 어릴 적 시골에서 만드는 떡이나 방앗간에서 만들어 나오는 떡을 본 것이 다였다. 떡 공장이 사례나 답례품의 주문이 밀려올 경우 며칠 동안 가서 아르바이트를 했다. 떡 만들어놓은 것을 예쁘게 포장하는 일이었다. 떡 포장은 모두 수작업으로 이루어졌다. 손을 아주 바쁘게 움직이는 일이었다. 내가 처음 보는 떡들이 너무 많았다. 떡 케이크가 만들어진 모습이 너무 아름다웠다. 내가 길을 지나가다 본 떡 케이크가 이렇게 사람의 손으로 하나하나 만들어져서 나온다는 것이 신기했다. 나는 기계 자동화로 담겨져 나오는 줄 알았던 것이다.

세 번째 아르바이트는 '예스24' 물류센터였다. 이곳은 책 물류센터였다. 우리가 주문한 도서를 물류센터에서 찾아서 포장대에 가져다주는 일이었다. 내가 찾은 책을 택배로 보내기 위해 송장을 붙이면 우리가 집에서 책을 받을 수 있는 것이다. 그곳에서는 일요일 오후에 8시간 동안 아르바이트를 했다. 이곳에서 정말 많은 책들을 보았다. 처음 보는 책도 많았다. 그 중에서 제일 많이 나가는 책은 초, 중, 고 참고서와 문제집이었다.

물류센터 아르바이트는 육체적 노동이었다. 출근해서 퇴근할 때까지 계속 움직이고 걸어야 하는 일이었다. 물건을 들었다 놓았다 하는 일이라 일을 마치고 돌아오면 몹시 피곤했다. 물류센터에서 일을 하다 보면 내가 처음 보는 물건들이 너무 많았다. 그렇다 보니 돈을 받으면 다시 물류센터에 있는 물건이나 책을 구입한다는 것이다. 나도 그랬다. 견물생심이라고 눈앞에 물건들이 보이니 사고 싶어진다. 내가 제품을 포장하고 그 다음날 쿠팡에서 주문을 했다. 인터넷에서 물건을 잘 구입하지 않았는데 아르바이트를 한 이후에는 쿠팡 앱을 통해 물건을 구입하기 시작한 것이다.

네 번째 아르바이트는 부동산회사였다. 전화만 하면 된다고 해서 간 곳이었다. 그곳의 분위기는 적응이 되지 않았다. 그냥 모든 것이 신기했다. 회사의 업무 분위기를 띄우기 위해 아침부터 트로트를 신나게 부르고 시작을 했다. 그리고 부동산에 대한 교육을 열심히 받았다. 이곳에 취업을 한 사람들이 회사의 홍보를 듣고 자기도 땅을 구입을 했다. 지인들에게도 소개한 것이다. 나는 전화만 하면 되는 줄 알고 들어온 곳이었다. 전화 영업을 하는 곳인 줄 알았다면 일을 시작하지도 않았을 것이다. 일단 들어왔으니 한 달만 다니다가 그만 둬야겠다는 생각을 했다. 전화영업을 하는 곳이지만 전화번호는 주지 않았다. 내가 아는 지인들에게 전화를 하거나 전화번호 책을 보고 무작위로 전화를 하는 곳이었다. 언니

나 지인 중에서 이 회사의 땅을 사볼까 하는 말을 했다. 이곳을 오래 다니려면 실적이 있어야 했다. 내 적성에 맞지 않는 곳이고 나중에 내가 책임을 질 수가 없어서 사지 말라고 했다. 그만 두고 싶다는 말을 하고 싶었는데 어떻게 해야 할지 몰라 가만히 있었더니 그만 나와도 된다고 했다. 천만다행이라고 생각했다.

마지막으로 아르바이트를 해본 경험은 보험회사 콜센터였다. 어느 정도 적성이 맞으면 학교를 휴학하고 일을 할 생각이었다. 지원서를 내고 면접을 보고 합격을 했다. 그 후 보험을 판매하기 위한 자격시험을 따야 한다고 했다. 그 교육을 듣고 보험영업 자격증도 취득했다. 취득 후 콜센터에서 전화로 영업하는 법을 배웠다. 전화 영업을 하기에 내 목소리가 너무 뻣뻣했다. 부드러운 목소리나 자신감이 있는 목소리로 말을 해야 하는데 내 목소리는 경상도 발음에 하이톤이었다.

팀장이 콜센터에서 주는 대본을 보며 읽고 연습을 많이 해오라고 했다. 열심히 연습을 했다. 연습만 열심히 했다. 종일 전화를 돌렸지만 통화되는 것은 별로 없었다. 통화된다고 해도 대부분 거절을 했다.

나도 보험영업 전화가 오면 전화를 받지 않거나 끊어버린다. 내가 그 사람의 말을 계속 들을 줄 시간이 없기 때문이다. 내가 보험에 가입하거나 구입할 상품이 아닐 경우 최대한 빨리 끊어주는 것이 전화영업을 하는 사람들에겐 더 도움이 될 것이다.

어느 정도 일을 하니 조금씩 개선의 여지가 보였고 내 말을 들을 주는 사람도 하나 둘 생겼다. 주 업무가 종일 헤드셋을 끼고 전화를 하는 일이었다. 헤드셋을 끼는 일을 하다 보니 귀가 아프기 시작했다. 귀가 아파 이비인후과에 다녔다. 내 귀가 소리에 민감한 편이라고 생각은 했지만 이 정도 일에 귀가 아플 줄은 몰랐다. 더는 다닌다는 것은 무리인 것 같아 콜센터 일을 그만두고 계속 학교를 다니기로 했다.

내가 대학생활을 하지 않았다면 하지 않았을 아르바이트였다. 아르바이트는 일에 대한 책임감은 적었다. 내가 오늘 한 일에 대한 일만 잘 끝내면 됐다. 나의 경력이나 미래에 대해 생각하지 않아도 되었다. 아르바이트를 그만둘 때도 원할 때는 언제든지 바로 그만둘 수 있었다. 정규직은 내가 직장을 그만둘 경우에는 미리 한 달 전에 이야기를 해야 한다. 그만 둘 때도 다른 직원이 구해지지 않으면 미안한 마음이 많이 들었다. 하지만 아르바이트는 그런 마음을 가지지 않아도 되어서 편했다.

부동산 전화영업과 보험회사 콜센터 아르바이트는 그래도 나에게 큰 도움이 되었다. 나에게는 전화에 대한 공포감이 있었다. 그래서 전화를 받거나 거는 일은 거의 하지 않았다. 궁금한 것이 있으면 대부분 카톡이나 문자를 남겼다. 두 개의 아르바이트를 한 후에는 전화에 대한 공포심이 없어졌다. 사람들이 하는 거절은 나를 거절한 것이 아니라는 것을 알기에 더는 상처를 받지 않게 된 것이다. 아르바이트를 하기 전에는 상대방이 나의 요구를 거절을 하거나 나의 의견에 반대하면 상처를 받았다. 꼭 내 자신이 거절받는 기분이었다. 머리로는 그런 것이 아니라는 것을 알지만 마음은 그렇지 않았던 것이다. 전화영업을 통해서 많은 거절을 받다보니 어떤 거절에도 상처받지 않는 사람으로 변한 것이었다.

대학생이 되어서 아르바이트를 하면서 다양한 사람들도 만나고 헤어지게 되었다. 예전에는 사람을 만나고 헤어지는 것도 힘들었는데 이것도 힘들지가 않게 되었다. 더는 사람 때문에 마음이 상하지 않게 되었다. 사람은 만나면 헤어지고, 헤어지면 언젠가 만나게 될 것이다.

다양한 아르바이트 경험을 통해 많은 것을 배웠다. 내가 바꾸고 싶었던 단점들을 바꿀 수 있었고 나의 몸과 마음이 강해지는 계기가 됐다.

4장

내 인생을 바꿔준 가장 현실적인 독서법

나만의 기준으로 독서하자

처음 책 읽기를 시작할 때는 나만의 기준이 따로 없었다. 그냥 내 눈이 가는 대로 마음 가는 대로 읽었다. 어떤 목적 같은 것은 내게 없었다. 마구잡이식으로 책을 읽기 시작했다.

책을 읽다 보니 차츰 다른 사람들은 책을 어떻게 읽고 있을까? 궁금해지기 시작했다. 책을 어떻게 읽는지에 대한 책들을 읽었지만 '독서에 대한 방법이 여러 가지 있구나!'라고만 생각했다. 나의 책 읽기 방법을 바꾼 것은 아니다. 그 이유는 아직 나는 그들이 제시한 방법대로 책을 읽을 만한 능력이 준비되지 않았기 때문이다.

내가 제일 처음 한 일은 눈으로 책을 읽는 것이었다. 책은 읽는다는 것은 문자 그대로 눈으로 글자를 읽는 것이다. 한마디로 '묻지 마' 독서를 한 것이었다. 취미생활 독서인 셈이다.

'나는 오늘도 책 한 권을 읽었다'라는 만족감을 위한 책 읽기였다. 때로는 내가 읽은 책의 권수를 늘리는 것도 재미있었다. 책에서 무엇을 배우고 얻기 위한 책 읽기가 아니었다는 것이다. 책을 읽고 무엇을 얻기 위한 목적도 없었다.

책을 읽고 생각을 해야 한다고 하지만 나는 아무 생각을 하지 않았다. 내가 책 한 권을 읽었다는 성취감에 만족했다. 책을 한 권 읽는 내 모습이 그냥 자랑스럽고 기쁘다는 생각만 들었다. 내가 처음 책을 읽었을 때의 마음은 이랬다.

다만 책을 읽는 단 하나의 목적이 있었다면 글자와 친해지기였다. 학과공부를 위해 글자와 친해져야 한다는 생각뿐이었다. 처음 시작은 나에게 부담스럽지 않은 마음 편하게 책을 읽었다. 마치 아이들이 처음 책 읽기를 하는 것처럼 시작한 것이다. 아이들이 그림책부터 읽은 것처럼 했다. 그래서 최대한 얇고 그림이 많은 책을 골라서 읽었다.

맛있는 음식에 대해 관심이 많아서 요리책을 보았다. 요리책은 글자보다 사진이 많다. 사진을 보다 보면 이 요리는 어떻게 만들어진 것일까. 재료, 양념, 소스 만드는 비법 등이 궁금해진다. 그러면 옆에 있는 설명을 읽어보았다.

운동에 관련된 책도 보았다. 운동도 요리와 마찬가지로 사진이 많이 있다. 그 사진을 보면서 운동에 대한 방법을 읽어보았다. 덕분에 운동과 관련된 용어도 익숙하게 느껴졌다.

평소에 관심 있던 분야 책을 주로 보게 되면서 책 읽기에 대한 흥미가 생기기 시작했다. 관심 분야의 책을 읽기 위해 학교도서관에서 대여하다보니 자연스럽게 다른 책에도 눈이 갔다. 한 권의 책을 읽고 나서 다음 책에 관심을 가졌다.

책 읽기를 시작할 때는 그냥 궁금한 책을 선택해서 읽었다. 책을 고른 이유는 다양했다. 책의 표지가 이뻐서, 글자가 내 눈에 잘 들어와서, 책 내용이 너무 쉬워보여서 책을 골라서 읽기 시작했다.

"모든 책은 다 빛이다. 다만 그 빛의 밝기는 내가 발견한 만큼 밝아질 수 있다."

– 모티머 J 아들러(Mortimer J.Adier)

모든 책은 다 빛이다. 이 세상에 쓸모없는 책은 없다고 생각한다. 책마다 자기가 맡은 역할들이 있다. 어떤 모습이 책이든 자신이 맡은 역할에 충실히 하고 있다. 다만 그 속에서 내가 무엇을 발견하는 것인가는 각자의 몫이다.

책 읽기가 어렵다면 만화책을 보는 것도 괜찮다. 아이에게 사준 만화책 중에 《삼국지》가 있었다. 총 65권 정도 되는 만화책이었다. 내가 사준 만화책이었지만 나도 만화책을 통해 《삼국지》를 읽었다. 우리 아이도 만화책을 통해 삼국지를 읽으니 너무 재밌다고 했다. 한국사, 세계사를 모두 만화책을 사주었다. 덕분에 나도 부담 없이 만화책을 한국사, 세계사를 재미있게 읽었다.

아들이 말하기를 그때 책으로 《삼국지》를 읽었다면 삼국지를 한 번만 읽고 말았을 거라는 말을 했다. 만화로 《삼국지》를 읽은 덕분에 쉽고 재미가 있어 7~8회 정도 《삼국지》를 완독했다고 한다. 만화를 읽은 후에 고등학교 다닐 때 도서관에서 책으로 된 《삼국지》를 읽게 되었다. 만화로 먼저 보고난 후 책으로 된 《삼국지》는 어떤 내용일지 궁금해서 읽었다고 한다. 내가 아들에게 만화와 책이 주는 차이점이 무엇이 있었는지 물어보았다.

"만화는 그림으로 상상을 도와주어서 편해요. 하지만 상상을 도와주는 만큼 상상의 틀에는 한계를 가지고 있어요. 반면 책은 어떤 상상을 하기에 불편하거나 상상이 잘 그려지지 않아서 힘들어요. 하지만 내가 상상하는 데 있어 한계나 고정관념이 없다보니 내가 상상할 수 있는 만큼 마음대로 상상할 수 있어요. 만화는 책처럼 디테일이 없고 단순하지만, 책은 디테일이 살아있어 더 많은 상상과 생각을 할 수 있어요."

책이 어렵다면 먼저 만화책을 읽고 책을 읽는 것도 좋은 방법이다. 나도 《천로역정》을 만화로 먼저 읽었다. 그리고 난 후 책으로 《천로역정》을 읽게 되니 내용의 이해가 되고 책을 읽는 것이 재미가 있었다.

천국과 지옥에 대한 호기심이 불타오를 때 단테(Alighieri Dante)의 《신곡》을 구입했다. 구입하고 앞표지만 보다가 덮었다. 도저히 책이 읽히지 않았다. 나의 책 수준은 생각하지 않고 남들 따라 무턱

대고 산 책이었다. 학교도서관을 방문하니 단테의 《신곡》 만화책이 있어 대여했다. 만화책을 통해 단테의 《신곡》을 보고 나니 어느 정도 이해가 되었다. 그 이후에 책으로 방학 내내 읽었다.

책 읽을 시간이 적고 바쁜 사람들, 이해하기 어려운 책들은 만화책으로 먼저 읽는 것도 좋은 것 같다. 내가 보고 싶은 책을 만화책으로 읽고 나면 책으로도 읽고 싶다는 생각이 든다. 책으로 한 번 더 읽으면 만화와는 또 다른 느낌이나 생각을 가지게 된다. 이런 경험들을 통해 만화책이 나쁜 것만 아니라는 것을 말해주고 싶다.

다른 방법으로는 영화를 보는 것이다. 영화를 먼저 보고 읽은 책은 《오만과 편견》, 《오페라의 유령》, 《모리와 함께 한 화요일》 등이 있다. 영화를 보고 난 후 책은 어떤 내용인지 궁금해서 책을 읽게 되었다. 책과 영화의 내용은 약간씩 달랐다.

《해리포터》 시리즈의 경우는 책은 전혀 읽지 않고 영화가 나올 때마다 해리포터 영화만 봤다. 이 영화는 다른 영화들처럼 한 번에 끝나는 영화가 아니었다. 해마다 〈해리포터〉 영화가 제작돼 상영했다. 그러다 보니 지난해에 보았던 〈해리포터〉 영화의 내용이 기억이 나지 않고 전체적인 내용의 흐름은 알지 못했다. 영화를 볼 때마다 아들에게 전편 내용에 대해 묻고 전개되는 내용에 대해 이해가 되지 않아 계속 물었다. 영화가 모두 끝난 후 《해리포터》 시리즈를 읽었다. 영화를 보고 난 후 책을 읽으면 책 내용이 이해가 잘되어서 쉽게 읽혀졌다. 조금 더 책 속으로 빠져들게 된다.

반대의 경우도 있다. 《반지의 제왕》은 책을 먼저 읽었다. 책에 묘사된 모습들이 상상이 되지 않았다. 책을 모두 읽은 후에 《반지의 제왕》의 영화를 봤다. 책을 읽기 전 영화를 보았다면 잘 이해가 되지 않고 어렵다고 생각했을 것이다.

"어떤 책은 맛보고, 어떤 책은 삼키고, 어떤 책은 꼭꼭 씹어 소화시켜야 한다."
— 프랜시스 베이컨(Francis Bacon)

책마다 가지는 특성에 따라, 읽는 사람의 책 읽는 수준에 따라 책을 읽으면 되는 것이다. 남들이 제시해 주는 기준이 아니다. 책은 나의 기준이나 필요에 따라 읽어야 한다. 남들이 제시해주는 기준으로 책을 읽으면 힘들어진다. 나하고 맞지 않기 때문이다. 책 읽기는 나에게 맞는 속도로 읽어 가면 된다. 모든 것은 시간이 해결해준다. 내가 책 읽기를 포기하지 않으면 어느 순간 임계점에 도달하는 순간이 온다. 그때부터는 책 읽는 속도를 나에게 맞는 책을 찾아 읽게 된다.

간호학과의 특성이 머리부터 발끝까지 정신에 대한 모든 것을 배우는 학문이다. 그러다 보니 책을 읽고 이해하는 데 많은 도움이 되었다. 간호학은 사람을 배우는 학문이다. 사람이 몸과 마음을 건강하게 유지하기 위한 모든 것과 그에 따른 간호하는 방법을 배우게 된다. 한 사람의 몸을 구성하는 세포부터 배우기 시작한다. 마지막에 우리의 정신, 마음에 대하여 배우는 학문이다.

신경망이 그려진 뇌, 영양, 근육, 정신과 관련된 책을 읽고 있으면 어렵지 않은지 물어보는 사람들이 종종 있었다. 이러한 책들에 등장하는 용어들이 이해가 되지 않고 너무 어렵다는 말을 했다. 내가 읽고 있는 책의 용어들이 간호학과에서 배우게 되는 기초가 되는 학문 중 일부였다. 이러한 책들을 읽은 덕분에 간호학과 수업을 힘들지 않게 공부를 할 수 있었던 이유이다. 책을 읽기 위한 배경 지식을 간호학과 수업을 통해 공부했기 때문에 뇌, 영양, 근육, 정신과 관련된 책들을 편하고 쉽게 읽을 수 있었다.

이러한 이유로 나의 책 읽기는 공부하기 위한 책 읽기였다. 아마도 다른 사람들과 같은 이유로 책을 읽었다면 책 읽기를 중단하였을 것이다. 책을 읽는 나만의 기준과 필요성에 의해 책 읽기를 한 덕분에 나의 책 읽기 습관이 만들어진 것이다.

독서하고 메모하고 실천하기

책을 읽다 보면 모두 책을 읽으며 밑줄을 긋고 메모하라는 말을 가장 많이 듣는다. 책을 좀 어느 정도 읽고 계시는 분들은 모두 메모를 한다. 이런 사람들은 긴 글은 쓰지 않더라도 짧게라도 흔적을 남겨 놓는 것이 특징이다.

사람은 대부분 책을 읽을 때 흔적을 남겨서는 안 된다는 생각을 했다. 책은 깨끗하게 읽어야 한다는 고정관념을 가지고 있다. 누군가가 내가 남긴 흔적을 보며 내 생각을 훔쳐볼 것 같은 불안감도 한몫했다. 책에 구김 하나 없이 책을 읽어야 잘 읽는 것이라고 생각한 것이다.

학교도서관에서 책을 대여하다 보니 깨끗하게 읽고 반납해야 했다. 도서관에 빌린 책 중에 가끔은 줄을 그어놓았거나 접힌 책을 보면 나도 모르게 짜증이 났다. 이런 감정 때문에 나는 더욱 책을 곱게 다루었다.

책을 너무 깨끗하고 곱게 읽다 보니 책을 덮고 나면 생각이 나는 것이 전혀 없었다. 어떤 날은 이 책을 내가 읽었던가 하는 경우도 있었다. 글을 적고 메모하는 것을 무척이나 귀찮은 일이었다. 번거롭기도 하지만 메모한 내 글씨가 마음에 들지 않아 더욱 그랬다. 적었다고 해서 내가 다시 보고 싶다는 생각도 하지 않은 것이다.

"부지런히 메모하라. 쉬지 말고 적어라. 기억은 흐려지고 생각은 사라진다. 머리로 믿지 말고 손을 믿어라. 기록은 생각의 실마리다. 기록이 있어야 복원된다. 습관처럼 적고 본능으로 기록하라."

– 다산 정약용

다산 정약용은 습관처럼 적고 본능으로 기록해야 한다고 한다. 책을 읽으면서 그러면 책 읽다가 마음에 드는 구절이 있다면 한번 적어 볼까 하는 생각을 하게 되었다.

제일 처음 한 것이 필사였다. 책을 읽다가 마음에 감동이 되는 구절이 있으면 필사를 했다. 필사하다 보니 책을 읽는 속도가 자연적으로 느려졌다. 중간중간에 쉼표가 생기기 시작한 것이다. 처음 필사를 하다 보니 너무 힘이 많이 들어가 어깨와 팔이 아팠다. 하지만 멈추지 않고 나에게 필요한 정보나 좋은 내용을 조금씩 필사하기 시작했다.

필사하는 시간 동안은 그 글에 집중하게 된다. 다른 생각을 하지 않고 그 글만 생각하고 또 생각하는 시간이 되는 것이었다. 그러다 보면 그 글이 온전히 내 것이 되었다. 필사의 글을 읽으면서 나라면 어떻게 했을까를 생각하게 되는 것이다. 책만 읽고 덮었을 때와는 다른 2~3가지의 가지 친 생각을 가질 수 있었다. 이러한 생각으로 '책에 있는 것을 실천해볼까?' 하는 마음이 싹트기 시작했다.

필사를 통해 글쓰기의 힘이 길러진다고 했다. 그동안 눈으로만 보아오던 글들이 이제는 손을 통해서 온전히 나의 것으로 되는 순간인 것이다. 필사는 다음에 나의 글을 쓰기 위한 완벽한 연습인 것이다.

내가 필사를 할 때 중요하게 생각하고 준비하는 것이 있다.

첫 번째, 필사할 때 내가 제일 중요하게 생각하는 것은 필기구다. 필사할 때 매끄럽게 잘 써지는 필기도구는 계속 필사를 하고 싶다는 생각이 든다. 하지만 필기구가 마음에 들지 않으면 바로 쓰레기통에 버려버린다. 필기도구를 사용해보고 잘 써지는 필기구가 있으면 어디서 구입했는지 물어보고 바로 구입한다.

두 번째, 필사를 매일 꾸준히 한다. 필사하면서 그 글이 완벽하게 내 것으로 만들기 위해서는 꾸준히 하는 것이다. 꾸준히 하다 보면 그 글이 나의 것이 되기 시작한다. 매일 반복적으로 필사를 하는 행동은 습관으로 자리잡힌다.

세 번째, 필사 시간은 10분 정도로 한다. 현재 내가 하는 필사의 시간은 10분 정도다. 종일 해본 적도 있다. 이렇게 하는 필사는 습관으로 자리 잡지도 못했고 힘든 일이 되었다. 그 이후로는 필사의 시간을 10분 정도 한다. 부담되지 않는 시간만큼만 필사하는 것이다.

네 번째, 필사는 필요한 부분만 한다. 필사는 책 한 권이 아니라 내가 읽은 책 내용 중에 마음에 드는 부분만 필사했다. 책 읽기를 끝난 후에도 필사한 부분을 읽으면 책을 한 번 더 읽는 것과 같다.

제일 처음 필사를 시작한 것은 《성경》이었다. 시편과 잠언을 필사하면 지혜를 얻을 수 있다고 해서 시작한 필사였다. 그리고 책을 읽는 동안 필요한 부분을 노트에 필사를 했다. 한글 워드로 《상상의 힘》을 필사했다. 한글 타자를 연습할 겸 독수리 타법으로 시작한 필사였다.

"단 하나의 밑줄이라도 그을 수 있다면 책값을 충분히 회수하고도 남는 성과를 올릴 수 있다."

- 도이 에이지, 《그들은 어디에 밑줄을 긋는가》

책을 읽으면서 중요하거나 필요하다고 생각하는 부분에 밑줄을 긋는다. 밑줄을 긋고 그 옆에 간단한 메모를 한다. 다음번에 책을 읽을 때 메모를 보면서 내가 이때는 이렇게 생각했다는 것을 알게 된다. 내가 얼마만큼 성장했는지를 알 수가 있다.

처음에 내가 책에 밑줄을 그을 때 죄를 짓는 기분이 들었다. 엄마 몰래 나쁜 짓을 하는 것 같은 죄책감이 들었다. 빌린 책이 아닌 내가 내 돈 주고 산 책인데도 이런 마음이 들었다. 줄을 긋는데 손이 떨렸다. 시간이 지나 익숙해진 지금은 편안하게 책에 줄을 긋고 메모하고 있다. 책에서 배우고 실천할 것은 무엇인가만을 생각하게 되었다.

"절대 허송세월하지 마라. 책을 읽든지, 쓰든지, 기도를 하든지 명상을 하든지 항상 뭔가를 하라."

– 토마스 아 캠퍼스(Thomas à Kempis)

이 명언이 마음에 들어 책상 앞에 딱 붙여 놓고 있다. 허송세월하지 않기 위해 항상 뭔가를 하라는 것이었다. 우리는 무엇인가를 하면서 움직여야 한다는 것이다.

나는 책을 읽고 지식으로만 가지고 있었지 실제 행동으로 실천하지 못했다. 책을 읽고 실천하게 된 계기는 《완벽한 공부법》의 저자가 운영하는 유튜브를 통해서다. 〈신박사tv〉에서 책을 읽고 실천하지 않는 것은 책을 읽지 않는 것과 같다는 말을 했다. 책에 대한 이해를 돕기 위한 설명과 독설이 가득한 내용이었다. 책에 대한 소개뿐만 아니라 책에 있는 것을 직접 실천하는 모습도 보여주었다. 이 모습을 보고 나도 실천해보기로 결심했다. 다른 많은 실천한 것들 중에 도전하고 실천한 것이 마라톤이었다.

벨라 마키(Bella Mackie)의 《시작하기엔 너무 늦지 않았을까》를 읽고 마라톤에 도전하게 되었다. 이 책은 불안, 우울, 강박, 공황 등을 달리기를 통해 극복한 이야기였다. 저자가 마라톤을 위해 제일 먼저 한 일은 운동화를 신고 밖으로 나간 것이었다. 학교다니는 동안 운동을 하지 않아 나도 체력이 많이 저하되어 있었다. 책의 저자가 말하는 것처럼 내가 처음 한 일은 운동화를 신고 나간 것이었다. 운동화를 신고 나가자 나도 마라톤에 출전하고 싶다는 생각이 들었다. 마라톤에 참가했다는 소식을 후배에게 듣게 되었다. 혹시나 하는 마음에 내가 출전할 수 있는 마라톤 대회가 있는지 물어보게 되었다. 다행히 대구 북구 마라톤 대회가 내 일정하고 딱 맞아떨어지는 것이었다. 이 소식을 듣자마자 바로 참가 신청을 했다.

2019년 가을 첫 마라톤에 도전했다. 마라톤 신청을 해놓았지만 중간고사 시험기간과 맞물려서 연습을 많이 하지는 못했다. 빵 소리와 함께 처음 달리기를 시작할 땐 너무 힘이 들었다. 달리기를 시작하고 처음은 폐가 너무 따갑고 아팠다. 마음속으로 여기서 멈추고 그만두고 싶다는 생각만 가득했다. 포기하는 사람들의 모습은 전혀 보이지 않았다. 한 명이라도 포기하는 사람이 보이면 나도 포기해야겠다는 생각을 했다. 하지만 아무도 포기하지 않고 끝까지 달리는 것이었다. 어쩔 수 없이 나도 계속 달렸다. 계속 달리다 보니 나의 폐도 어느 정도 적응이 되어 편안해졌다. 생애 첫 마라톤 10km를 완주하게 되었다. 완주의 기쁨은 말을 할 수가 없었다. 책을 읽고 마라톤에 도전해본 값진 경험이었다.

그 이후에는 책을 읽고 도전하고 실천하는 것이 어렵지 않았다. 책을 읽고 실천하는 재미도 있었다. 실천한 후에 오는 성취감은 나에게 자신감이 가득하게 만들어주었다. 무슨 일이든지 일단 해보면 되는 것이다. 천천히 부딪쳐 보면 가능한 일이었다.

처음 책을 읽기 시작할 때는 무작정 읽기만 했었다. 책 읽기의 양이 어느 정도 쌓이자 필사를 했다. 필사하고 줄긋기를 하고 메모를 한 것이다. 그다음 마지막으로 책을 읽고 실천하게 된 것이다.

사람마다 어떤 일을 해나감에 있어서 걸리는 시간은 모두 다르다. 단숨에 모든 단계를 해내고 이루는 사람도 있다. 다른 사람의 속도를 나와 비교하면 힘들어진다. 자신에게 맞는 속도로 나가면 누구나 자기가 원하는 목표에 다다를 수 있다.

도서관을 이용하라

처음 책 읽기를 시작할 때는 어떤 책이 나하고 맞는지 알 수가 없다. 우리가 읽고 싶은 책을 모두 다 구입하면 좋겠지만 그럴 수가 없는 상황도 있다. 내가 구입한 많은 책들이 너무 많이 쌓여 책을 처리해야 하는 고민도 하게 된다. 이러한 고민을 해결하는 방법 중 하나는 우리 주위의 도서관을 이용하는 것이다.

도서관에 가면 다양한 종류의 수많은 책을 만날 수가 있다. 다양한 책 중에 내가 읽고 싶은 책을 선정해서 빌려오면 되는 것이다. 대여비용은 무료다. 책값이 전혀 들지 않는 것이다. 번거로운 것이 있다면 빌린 책을 정해진 기간 안에 반납해야 한다는 것이다. 대여한 책은 연체되지 않도록 챙겨야 한다. 연체되면 연체된 기간만큼 책을 빌릴 수 없게 된다.

나는 학교에 다니는 동안은 학교도서관을 주로 이용했다. 학교도서관에 있는 책들은 내가 평생을 읽어도 다 읽지 못할 만큼의 책들로 가득 차 있었다.

학교에 다니는 동안 학과교재비가 만만치 않았다. 학과 관련 교재비의 최고가 한 학기에 35만 원 정도 되는 금액의 교재비용이었다. 그러다 보니 다른 책을 구입하는 돈을 많이 사용할 수가 없었다. 내가 읽은 책은 대부분 모두 학교도서관에서 대여해서 읽었다. 도서관에서 대여한 후에 다시 보고 싶은 책만 따로 구입해서 다시 읽었다.

독서토론을 하는 책의 경우에는 내가 직접 구입을 했다. 독서토론을 하는 책들은 내가 밑줄을 긋고 메모를 해야 했기 때문이다. 내가 구입한 책들은 지저분하게 책을 봐도 괜찮아서 편하게 책을 읽었다.

도서관에서 빌린 책들은 다음 사람을 위해 깨끗하게 보고 반납을 해야 했다. 도서관에 빌린 책들은 줄이나 메모 대신에 책에 포스트잇이나 메모장을 끼워 넣었다. 다 읽은 후에는 포스트 잇이나 메모장이 있는 부분을 다시 읽으며 노트에 필사해놓았다.

가끔 내가 필사한 글을 다시 읽어보기도 한다. 필사를 글을 보면서 '책에 이렇게 좋은 글이 있었구나!'를 생각하기도 한다. 그 당시 읽고 필사한 글을 보면서 감동하기도 한다.

내가 읽고 싶은 책을 아무리 찾아도 없다면 희망도서 신청을 하면 되었다. 내가 신청한 책들을 도서관에서 구입해주었다. 그 후 내가 신청한 도서가 도착하면 문자를 보내주었다. 내가 희망도서를 신청한 책은 내가 대여 0순위였다. 내가 제일 먼저 대여해서 읽고 반납을 하면 그 이후에 다른 사람들이 빌려볼 수 있었다.

희망도서 신청의 단점은 내가 원하는 책을 바로 볼 수 없다는 것이다. 신청한 도서가 어느 정도 쌓여야 도서관에서 일괄 신청을 할 수 있다고 했다. 학교도서관의 경우 보통 2~3주 정도의 시간이 걸렸다.

도서관에서는 전자책을 빌려 볼 수 있다. 전자책은 주로 방학때나 주말에 도서관을 이용할 수 없을 때 주로 이용했다. 종이책에 익숙해서 그런지 전자책을 보면 책이 눈에 확 들어오지 않았다. 자꾸 보다 보니 전자책 보는 것도 불편하지 않고 적응이 되었다. 요즘 아이들은 책을 종이로 보는 것이 아니라 전자책을 이용해서 많이 보고 있다. 종이책을 들고 다니기 불편하지만 전자책은 언제 어디서나 볼 수 있어서 편리하다. 전자책을 보기 위해서는 필요한 앱을 PC나 휴대폰에 다운로드해서 쓸 수 있다.

전자책의 좋은 점은 책을 빌리기 위해 도서관에 가지 않아도 된다는 것이다. 도서관 홈페이지에서 클릭 한 번으로 바로 대여할 수 있다. 전자책의 반납도 자동으로 반납되기 때문에 연체에 대한 걱정도 없다.

도서관에서는 논문도 무료로 이용할 수 있었다. 학교 다니는 동안 논문과 관련된 과제가 많았다. 수많은 논문을 검색하고 다운

로드해서 사용할 수 있도록 한 것이다. 덕분에 과제에 필요한 논문을 마음껏 볼 수 있었다. 도서관에서 논문과 관련된 사이트에 유료로 가입해놓았기 때문에 우리는 무료로 이용을 할 수 있었다.

도서관이 주최 하는 각종 행상에 참여할 수 있다. 도서관에서는 책을 빌리는 것뿐 아니라 다양한 행사들을 진행하고 있다. 도서관 홈페이지를 자주 들여다보면서 관심이 있거나 유용한 프로그램이 있다면 신청해서 이용할 수 있다. 도서관에서 하는 행사의 경우 무료이거나 참가비가 매우 저렴하다. 부담 없이 다양한 프로그램을 이용할 수 있다.

도서관은 공부를 하기 위해 방문하기도 한다. 도서관의 열람실은 공부하러 오는 사람들이 많아 경쟁이 치열하다. 도서관에 있으면 모든 사람이 공부하는 사람이다. 도서관을 방문해서 이런 모습을 보면 나도 자극을 받게 된다. 많은 사람이 자신의 미래를 위해서 공부하는 모습에 감탄하게 된다. 나도 공부를 해야겠다는 생각으로 불타오르게 한다.

도서관에 온통 책을 읽는 사람들이다. 나만 책을 읽지 않는 사람처럼 느껴진다. 책 읽기에 대한 느슨한 마음을 다잡을 수가 있다.

교육의 환경의 중요성을 알려주는 '맹모삼천지교(孟母三遷之敎)'라는 고사성어가 있다.

'맹자가 어머니와 처음 살았던 곳은 공동묘지였다. 맹자는 늘 보는 것이 곡을 하는 모습이었다. 늘 곡하는 모습을 보던 맹자는 곡을 하며 장사지내는 놀이를 하며 놀았다. 이 모습을 본 어머니는 맹자를 위해 이사를 하게 되었다. 맹자의 어머니가 이사를 한 곳은 시장 근처로 이사를 한 것이다. 이번에는 맹자는 시장에서 물건을 사고파는 장사꾼들의 흉내를 내면서 노는 것이었다. 맹자의 어머니는 '이곳도 맹자를 위해 살만한 곳이 아니구나' 하고 생각했다. 마지막으로 이사한 곳은 서당 근처였다. 그랬더니 맹자가 제사 때 쓰는 기구를 늘어놓고 절하는 법이며 나아가고 물러나는 법 등 예법에 관한 놀이를 하는 것이었다. 맹자 어머니는 '이곳이야말로 아들과 함께 살 만한 곳이구나' 하고 마침내 그곳에 머물러 살았다고 한다. 이런 맹자 어머니의 노력으로 맹자는 뛰어난 학자가 되었다.'

'맹모삼천지교'는 자녀교육에 있어서 환경이 미치는 영향이 얼마나 큰 것인가를 말해주는 것이다. 또한 어린아이는 백지장 같아서 주변 환경에 따라 얼마든지 바뀔 수 있다는 것이다. 이것은 어린아이들에게만 해당하는 것은 아니라고 생각한다. 성인이 된 우리도 주변 환경을 책을 읽는 환경으로 바뀌면 책을 읽게 된다. 주변에 책을 많이 읽는 사람들이나 블로그, 페이스북, 유튜브 등을 가까이하면 된다.

방학 때는 학교를 방문하기가 번거로워진다. 그래서 주로 이용한 도서관은 집 근처에 있는 작은 도서관이었다. 내가 자주 이용한 작은 도서관은 동사무소와 같은 건물에 있었다. 이 도서관은 말 그대로 작은 도서관이었다. 책도 많이 비치되어 있지는 않았다. 작은 도서관에 있는 책들은 많지 않았지만 내가 읽지 않은 책들로 가득했다. 작은 도서관이라고 해서 나에게는 전혀 부족하지 않은 도서관이었다. 방학 때는 학교에 다닐 때보다 책을 많이 읽지 못했다. 방학 때는 긴 시간 아르바이트를 하느라 오히려 책을 읽을 틈이 없었다.

책 읽기를 하기 전에 보이지 않던 도서관들이 내 눈에 보이기 시작했다. 책 읽기를 시작하면서 우리 동네에 어떤 도서관이 있는가를 검색해보았다. 국가에서 국민에게 책 읽기를 할 수 있도록 곳곳에 도서관이 설립되어 있었다. 심지어 지하철역에 책 자판기까지 설치된 것도 보았다. 책은 내가 손만 뻗으면 언제나 책과 만날 수 있다.

책을 구입하는 것에 대한 부담이 있는 사람들은 도서관을 이용하는 것이 좋다. 도서관을 이용하면 책을 읽고 난 후 책이 집에 쌓이는 것도 방지할 수 있다. 우리가 조금만 부지런해지면 더 많은 책을 만날 수 있다.

학교를 졸업하고 난 이후 가까운 도서관을 이용하려고 했다. 이런 내 마음도 모르고 코로나19 사태가 일어났다. 코로나19의 확산으로 직장에 출근하지 않고 대기하게 되었다. 시간은 많아졌지만 도서관은 방문할 수 없었다. 비록 도서관 이용은 하지 못했지만 나는 또 다른 기회를 만나게 되었다.

아프리카 속담에 '죽어가는 노인은 불타는 도서관과 같다'라는 말이 있다. 건물로 세워진 도서관만 있는 것이 아니라 우리 한 사람 한 사람이 도서관이라는 것이었다. 한 사람의 인생이 사라지는 것은 그 사람의 지혜와 지식이 사라진다는 것이었다.

도서관을 이용하지 못하는 대신에 책 쓰기에 관심을 갖게 된 것이다. 김도사, 권마담이 쓴 《김대리는 어떻게 1개월만에 작가가 됐을까》라는 책에서 하나의 도서관으로써 나의 경험과 지식, 지혜를 필요한 사람들에게 나누어주어야 한다고 했다. 나만 알고 있지 말고 내가 깨달은 나의 인생을 글로 남겨야 한다는 것이다. 이 말을 듣고 나도 글쓰기를 시작하게 되었다.

도서관은 멀리 있는 것이 아니라 누구에게나 있다. 단지 글로 썼는가 안 썼는가의 차이만 있을 뿐이다. 우리는 누구나 도서관이다.

다른 사람들이 쓴 서평을 읽자

책을 읽고 있으면 재미있는 책을 추천해달라고 한다. 내가 책 읽는 모습을 보고 책을 읽고 싶은데 어떤 책을 읽을지 모르겠다는 말을 자주 듣는다. 나에게 재미있는 책이 상대방에게는 재미없는 책이 될 수도 있다는 것을 사실을 알게 되었다. 그 이후부터는 정말 쉽고 누구나 재미있는 책을 읽어보라고 권해준다.

책은 잘 선택해서 읽어야 한다. 나하고 맞지 않은 책을 읽게 되면 책 읽기는 힘들다는 생각을 하게 된다. 억지로 읽은 책은 마음에 남지도 않고 책 읽기를 멀리 하는 사람이 될 수도 있다. 나에게 맞는 옷을 고르듯이 책을 골라야 한다.

옷을 잘 입고 잘 고르는 사람들은 옷을 많이 입어보고 구입해서 입어 본 사람들이다. 그들은 자신들에게 맞는 옷을 고르기 위해 하루를 소비한다. 종일 쇼핑을 하더라도 자신에게 어울리거나 마음에 드는 옷이 없으면 구입하지 않는다.

내 친구 중에 이런 친구가 있다. 이 친구가 옷을 입고 나가면 사람들이 모두 예쁘다고 칭찬한다. 이 친구가 옷을 고르는 기준은 나에게 어울리는 옷에 기준을 둔다. 옷의 가격이나 명품을 따지지 않는다. 자신의 기준으로 옷을 고르는 것이다.

내가 옷을 고르면 그 친구는 나에게 어울리는 옷이 아니라고 한다. 내가 보기에는 편하고 좋아보였다. 친구가 골라 준 옷은 나에게는 무엇인가 불편하게 느껴졌다. 내가 산 옷은 언제나 매일 보는 그저 그런 옷이었다. 내가 새 옷을 사 입어도 아무도 내가 사 입은 줄을 모르는 그런 옷 말이다.

친구가 골라 준 옷을 입고 나가면 사람들이 모두 예쁘다고 잘 어울린다고 말을 해준다. 나에게 왜 이런 일이 있을까? 내가 옷을 고르는 안목이 전혀 없기 때문이다. 옷을 고르기 위해 이것이 나에게 필요한 옷인지 입었을 때 어떤 모습일지를 전혀 생각하지 않았다. 옷은 편리하기만 하면 된다는 생각으로 옷을 샀기 때문이다. 어떨 때는 분위기에 맞는 옷이 없어 곤란한 경우도 있다. 다시 급하게 옷을 사는 경우도 있었다.

책도 이와 마찬가지다. 남들이 책을 읽으니 나도 책을 읽어야겠다는 마음으로 책을 구입을 하게 되는 경우가 많다. 책에 대한 아무런 정보도 없이 남들이 많이 사는 책을 사는 것이다. 책은 샀지만 정작 집에 돌아와서는 책을 읽지 않는다. 책이 조용히 책꽂이에 꽂혀있기만 하는 것이다.

책을 고를 때도 나에게 맞는 옷을 고르듯이 꼼꼼하게 살펴보고 골라야 하는 이유다. 다른 물건들을 살 때처럼 꼼꼼하게 따져보고 고르듯이 책도 그렇게 골라야 한다. 한 권의 책, 책 속의 하나의 낱말이 내 인생을 통째로 바꿀 수 있는 힘이 있기 때문이다.

세상에 쓸모없는 책은 없다. 하지만 바쁜 생활 중에서 나에게 필요한 책을 찾아 있는 것도 삶의 지혜 중 하나다.

요즘은 시간이 돈이다. 다들 숨 가쁘게 살아가고 있다. 이럴 때는 내게 필요한 책을 찾아 읽는 것이 중요하다. 잘못 선택한 책은 내가 책을 사기 위해 지불한 돈과 시간을 낭비하는 결과를 만들게 된다.

그러면 어떻게 책을 고를 것인가? 무슨 책을 읽을지 모를 땐 다른 사람들이 쓴 서평을 읽는 것이다. 내가 다닌 학교도서관 계단 아래에는 책을 소개하는 전광판이 있다. 지나가다 이 전광판을 보며 서평이나 나의 시선을 끄는 문구가 보이면 책을 빌려 읽었다.

바쁜 생활 중에 관심을 가지는 책이라도 내가 모든 책을 읽어볼 수는 없다. 책을 읽기 전에 그 책이 먼저 내가 찾는 책인지 알아보는 것이었다. 읽고 싶은 책에 대한 서평을 읽어보고 어떤 책인지 알아보는 것이다. 이 방법은 나의 소중한 시간을 소비하지 않고 절약하는 방법이다.

나도 서평을 통해 책에 대한 사람들의 다양한 이야기를 읽어보고 책을 선택하게 된다. 요즘은 책에 대한 서평을 북튜버들의 리뷰도 보게 된다. 다양한 채널을 통한 서평을 보는 것이다. 책 리뷰나 서평을 통해서 보고 싶은 책이 생기면 구입 목록에 적어놓는다. 이런 일이 번거롭다면 교보문고나 예스24 등 온라인 서점의 장바구니에 담아 놓는다. 장바구니에 한가득 책들이고 며칠이 지나도 읽고 싶다는 생각이 들면 최종적으로 산다.

시간적 여유가 있을 때는 직접 서점을 방문한다. 서평이나 온라인 서점에서 살펴보는 책의 느낌이 다를 경우가 있다. 온라인 서점에서는 책 표지나 제목, 목차를 봤을 때 필요한 책이라고 생각했다. 막상 오프라인 서점을 방문해서 직접 책의 표지랑 제목, 목차와 더불어 내용을 봤을 때 나와 맞지 않는 경우도 가끔 있다. 그럴 경우 그 책을 구입하지 않게 된다.

반면에 오프라인 서점에 갔을 때 바로 책을 구입하는 경우도 있다. 서점에 갔을 때 책 쇼핑을 하는 것이다. 많은 책이 있는 곳에서 한 분야의 책만 살펴보지는 않는다. 서점 여기저기를 다니며 다양한 코너에 있는 책들을 살펴본다. 내가 평소에 관심이 있었지만 가끔은 바쁜 일상으로 잊고 있던 책들도 있다. 서점 투어를 통해 이러한 책들을 살펴보고 구입한다. 서점에 직접 방문했을 때는 책의 내용을 꼼꼼하게 읽고 체크하게 된다. 온라인 서점에서 책을 구입할 때는 책이 택배로 집에 도착한다. 책을 구입해서 들고 오는 책의 무게를 느끼지 않아도 된다. 서점에서 직접 사서 들고 온 책들은 무겁다. 가끔은 신경을 써서 고른 책들이지만 내가 원하는 책이 아닐 경우가 종종 있었다. 이런 경우에는 온라인으로 구입한 책보다 더 실망스럽고 힘이 빠지는 경험을 하였다. 그래서 서점에 나가게 되면 온라인보다 더 꼼꼼하게 내용을 살피게 된다. 서점에 나가게 되면 온라인보다 책을 더 많이 구입하게 된다. 책을 보면 다 사고 싶다는 생각이 들다 보니 많이 사게 된다.

어느 정도 시간적 여유가 있다면 온라인과 오프라인 서점 두 곳 모두 방문하는 것이다. 온라인 서평과 내가 직접 책을 만져보고 내용을 살펴보고 구입하는 것이 최고의 방법이다.

책을 좋아하고 많이 읽은 사람들의 추천을 받아서 읽는 것도 방법 중 하나다. 고기도 먹어 본 사람이 잘 먹는다는 말이 있다. 책을 먼저 읽고 성장한 사람들이 권하는 책을 읽는 것이다. 가끔은 나의 수준과 안 맞는 너무 높은 수준의 책을 권해주기도 한다. 지인이 나를 높게 평가한 것은 고맙게 여긴다. 아직 소화할 만한 책이 아닌 경우에는 일단 보고 싶은 책의 목록에 저장해놓는다. 다른 책을 읽다가 어느 정도 시기가 되었을 때 지인이 추천한 책을 읽으면 된다.

블로그 검색을 통해 서평을 확인한다. 블로그에도 그 책을 먼저 읽은 사람들의 서평이 많이 올라와 있다. 블로거들의 써놓은 서평을 살펴보면서 책 내용을 미리 살펴볼 수 있다. 네이버의 블로그에는 블로거들이 써놓은 서평이 아주 많이 있다. 많은 블로거가 쓴 리뷰는 다양한 관점에서 책을 찬찬히 살펴볼 수 있게 해준다. 블로거들의 서평이 내가 책을 잘 고를 수 있게 많은 도움을 준다. 블로거들은 간단한 서평이 아니라 책에 대한 전반적인 글을 써놓았기 때문에 책의 내용까지 살펴볼 수 있어 좋다.

좋은 책은 나의 인생을 바꿀 수 있다. 많은 책을 읽는다고 다 좋은 것은 아니다. 나에게 필요한 시기적절한 책을 읽는 것이 중요하다. 책을 구입할 때도 현명한 선택이 필요하다.

이제는 책의 표지, 제목, 목차만 보고 책을 선택하지 않는다. 다양한 방면의 서평들을 챙겨보면서 나에게 필요한 책인지 파악한 후에 선택하고 있다.

책을 베스트셀러라고 구입해서는 안 된다. 내가 구입하고 실망을 많이 책 중의 하나가 베스트셀러다. 나하고 맞지 않은 책이었던 것이다.

내가 무엇을 원하는지를 생각하고 책을 선택하라. 책의 선택도 이제는 현명한 소비가 필요한 시대다. 당신의 선택한 책 한 권이 당신의 인생을 좌우한다.

독서토론 모임에 참여하자

토론은 어떤 주제나 문제에 대해서 여러 사람이 각각의 의견을 말하며 논의하는 것이다. 토론을 처음 할 때는 무척이나 긴장되고 어떻게 해야 할지 당황스럽다. 토론문화에 익숙하지 않은 환경에서 살아왔다. 토론한다고 하면 참석을 하고 싶지 않다는 생각이 먼저 들었다.

제일 처음 토론을 시작한 것은 대학교 1학년 '독서와 인생' 교양수업이었다. 《오딧세이아》를 1주에 한 장씩 읽고 주어진 주제에 따라 토론을 했다. 책을 읽고 토론을 하는 것이 익숙하지 않은 우리에게 토론을 배우게 하는 수업이었다.

처음 읽는 고전이라 힘들 것이라 생각한 교수님이 매주 읽을 분량을 지정해 주었다. 《오딧세이아》는 총 24권 부록을 제외한

572페이지로 구성되어있다. 토론시간은 힘들었다. 힘든 이유는 어떤 일에 대해서 다른 관점으로 바라본 적이 없었기 때문이다. 남들이 의견을 내면 그냥 따라갔다. 내 의견을 내어 본적 없이 살았다. 내가 했던 것은 토론이 아니라 신변잡기로 수다는 떠는 일이었다. 그냥 평범한 삶을 살던 아줌마가 대학생이 되어 토론 수업을 받은 것이었다. 아줌마들이 모인 곳에서 수다는 잘 떨 수 있지만 토론은 난관이었다. 그나마 다행인 것은 주제를 미리 정해주었다는 것이다. 책을 읽고 그 주제에 맞는 생각을 적고 수업시간에 나누는 것이었다. 토론을 마치고 난 후에는 토론 후에 느낀 점이나 특별한 의견에 대한 발표도 했다.

내가 다닌 학원의 수강생들이 모여서 만든 독서토론이 있다. 독서토론 모임 이름은 최인철 교수의 책 제목을 따서 '굿라이프'다. 처음에는 이름도 없이 독서모임을 했다. 《굿라이프》 책을 읽고 독서토론을 하고 난 후에 지어진 독서모임 이름이다.

학교에서 했던 독서모임은 주로 과 동기들과 하는 독서토론이었다. 어린 과 동기들과 톡서 토론은 내 의견을 100%로 이야기할 수 없었다. 어느 정도의 생각에 대한 표현을 줄여야만 했다. 하지만 '굿라이프' 독서모임은 연령대가 비슷한 분들이 모여 있었다. 다들 오랫동안 책을 읽어 오신 분들이라 해박한 지식을 가지고 계셨다. 덕분에 내가 읽은 책에서 배우는 것보다 독서모임을 통해서 더 많은 것을 배우고 얻어서 돌아왔다.

다른 독서모임으로는 '빡독 대구'가 있다. 지난해 12월 처음 참석했다. '빡독 대구'는 미리 책을 읽고 가는 것이 아니라 내가 읽고 싶은 책을 가지고 가서 읽는다. 함께 모여 책을 읽고 난 후 자기가 읽은 책에 대해 이야기를 나누는 독서모임이었다.

PPT 강연을 원하시는 분들은 다양한 주제로 강연도 했다. '빡독 대구' 모임에 참석해서 유익한 강연을 들을 수 있었다. 이 모임의 연령대는 다양했다. 대부분은 처음 만난 분들이었다. 책 읽는 환경설정을 위한 책 읽는 모임이었다.

책을 읽고 변화와 성장하려는 의지와 열정으로 가득 찬 분들이었다. '빡독 대구'를 다녀오면 책을 꾸준히 읽어야겠다는 의지가 불타오른다. 혼자일 때는 자극이 되지 않다가 함께 모인 사람들을 보면 나도 자극을 많이 받고 돌아오게 된다.

독서토론을 한다면 어떤 준비가 필요한지 궁금하신 분들이 많았다. 독서토론을 위해 준비해야 하는 것들은 독서모임마다 다를 수 있다. 내가 참석하는 독서토론 모임의 규칙을 잘 숙지하고 따르면 된다.

'독서토론 모임에 참석하려면 책을 다 읽고 가야 하나요?'라는 질문을 많이 받는다. 독서토론 모임에는 참석하고 싶지만, 책을 읽어야 한다는 부담감에 가지 않는 경우가 많다. 책을 다 읽고 참석하면 좋겠지만 다 읽지 않아도 된다. 내가 다 읽지 않아도 내가 읽은 것 중에서 나의 의견을 말하면 된다. 책을 전혀 읽지 않아도 괜찮다. 다른 사람들의 의견이나 생각을 들으면 된다. 그 의견을 듣고 나의 의견을 이야기하면 된다. 독서토론 모임이 처음이 어렵지 자주 참석하다 보면 자연스럽게 책을 읽고 토론에 참석할 수 있게 된다.

독서토론 모임에 참여하는 비용에 대한 문의도 있다. 참석비용은 독서토론 모임에 따라 다르다. 내가 참석하는 독서토론 모임에 대해 문의해보고 참석하면 된다.

내가 참석하는 독서토론 모임 '굿라이프'는 1만 원이다. 이 비용은 밥값이나 커피를 마시기 위해 사용한다. 모임 장소는 '명스피치아카데미'에서 독서토론을 한다. '명스피치아카데미' 원장님이 장소를 제공하고 '굿라이프' 독서모임을 잘 이끌어주고 계신다. 다양한 것을 직접 배우시고 독서모임 회원들에게 무료로 나눔도 해주신다.

다음 토론도서는 모임을 마친 후 읽고 싶은 책을 각자 선정하여 단톡방에 올리면 투표를 통해서 선정한다.

'빡독 대구'는 장소를 무료협찬 받아 진행한다. 점심과 커피값 정도만 준비하면 된다. 그리고 내가 읽을 책 한 권이다.

현재 코로나19로 인해 오프라인 만남은 중단된 상태다. 하루속히 코로나19 사태가 진정돼 독서모임이 열리기를 기다리고 있다.

오프라인 모임 대신 ZOOM, TEAM 앱을 이용해서 온라인 만남을 한다.

토론의 유익함은 모두들 알고 있을 것이다. 토론의 유익함은 다음과 같다.

첫 번째, 책을 읽을 때 집중해서 읽을 수 있다. 책을 읽을 때 토론도서로 선정되면 토론도서를 꼼꼼하게 읽게 된다. 토론을 위해 자신만의 의견을 제시하고 문제제기 하는 문장을 찾게 된다.

두 번째, 책에 대한 서로 다른 생각을 알 수 있다. 내가 밑줄을 긋는 곳과 다른 사람들이 줄을 긋는 곳은 다르다는 것을 알게 된다. 같은 내용의 글을 읽더라도 서로 다른 느낌과 생각이 다르다. 독서토론을 통해서 생각의 다양성을 알게 되는 것이다. 사람마다 생각이 틀린 것이 아니라 다르다는 것을 배우게 된다. 다르다는 것을 알게 됨으로써 다른 사람을 존중하고 인정하게 하는 사람이 되는 것이다.

세 번째, 토론을 통해 책에 대한 이해도가 높아진다. 내가 이해하고 알고 있는 것이 하나였다면 토론을 통해서 여러 가지를 알게 된다. 이것을 통해 책에 대한 이해의 폭이 넓고 깊어지게 된다. 내가 책을 읽다가 이해되지 않은 부분을 다른 사람들이 설명을 해주기도 한다. 책을 읽을 때 막혔던 부분이 뻥 뚫리는 경험을 할 수 있다.

네 번째, 자신의 생각을 표현할 수 있다. 내가 나의 의견을 드러내놓고 표현할 수 있는 곳은 많지가 않다. 하지만 독서토론에서는 자신의 의견을 드러내는 곳이다. 독서토론은 옳고 그름을 판가름하는 곳이 아니다. 그동안 내 생각을 편안하게 드러내면 되는 것이다. 다른 사람의 생각을 들으면서 그 사람의 마음을 알게 된다.

다섯 번째, 다른 사람의 말에 귀를 기울이게 된다. 독서토론을 할 때 다른 사람이 말에도 귀를 기울이고 들어야 한다. 토론은 내가 하고 싶은 말만 하는 것이 아니다. 토론은 서로 다른 의견을 주고받는 것이다. 서로의 의견을 존중하면서 듣다보면 다른 사람의 말에도 귀를 기울이는 사람이 되는 것이다.

처음 독서토론 모임에 참석했을 때 내 의견을 말하기 바빴다. 다른 사람들의 의견을 듣기 위해 기다려야 한다는 것을 알았지만 입이 간질거렸다. 내 생각을 이리저리 표현할 기회가 없었다. 독서토론 시간에 내 이야기를 들어주는 사람들이 있다는 사실에 기뻤다. 그 기쁨에 잠시 다른 사람의 말을 듣기보다는 내가 말을 많이 하려고 했다. 독서토론 모임은 내 의견을 내는 것뿐만 아니라 다른 사람의 의견을 듣는 것도 중요하다. 내가 아는 것은 포장지만 알고 있는 것인데 다른 사람들은 속의 내용물까지 아는 사람도 있다.

독서토론은 책이 아닌 다른 사람들이 생생한 삶의 이야기를 듣는 것이었다. 각기 다른 직업을 가진 사람들이 모여서 하는 것이다. 다른 직업이 세계도 알게 되었고 다양한 인생의 교훈들을 만나게 되었다.

독서토론에 관심이 있다면 주위에 있는 어떤 독서토론 모임이 있는지 찾아보자. 나하고 맞는 독서토론 모임이 있다면 겁내지 말고 참여해보자. 마땅한 독서토론 모임이 없다면 내가 모임을 만들어보는 것도 방법 중 하나다.

서평 쓰는 습관을 들이자

서평은 주관적인 감상을 객관화해서 책을 평가한 글이다. 책의 내용과 특징을 소개하거나 책이 주는 가치를 평가한 것이다.

서평은 독서감상문과는 다르다. 독서감상문은 책의 기본적인 줄거리를 적고 내 느낌을 적은 적는 글이다. 서평은 책 소개를 목적으로 책에 대한 정보, 내용, 평가 등을 포함한 글이다. 이글을 통해서 독자들에게 책을 권하거나 읽지 않도록 한다. 서평을 통해서 이 책이 필요한 사람들에게 안내해줄 수 있다는 것이다.

서평은 누가 써야 하는가다. 서평은 누구나 써도 된다. 서평을 써는 데 있어 자격요건은 없다. 서평은 내가 책을 선택하여 글을 써서 내가 읽은 책에 대한 평가를 하는 것이다.

서평이라는 것을 알게 된 것은 2019년 여름쯤이었다. 내가 아는 것은 독서감상문, 독서후기 정도였다. 서평이라는 것이 무엇을 하는 것인 줄 잘 알지 못했다. 서평에 대한 것을 알게 된 것은 유튜브 '체인지 그라운드'를 통해서다. 책을 읽고 난 후 서평을 남겨야 한다고 했다. 서평은 논리적으로 생각하고 표현할 수 있게 해준다고 한다. 독서감상문보다 자신이 발전을 위해 서평이 더 유익하다는 이야기를 들은 것이다.

이전까지 내가 책을 읽고 한 것은 독서감상문 정도였다. 학교에서 기본 적을 제출해야 하는 과제 중에 독서감상문도 있었다. 책은 읽었지만 독서감상문을 써야하는 압박감에 부담감이 있었다. 하지만 한 권의 책을 읽고 쓰는 독서감상문은 아주 유익한 활동이다. 그보다 더 유익한 것은 서평을 쓰는 것이라고 했다.

서평을 어떻게 쓰는 것인가? 처음 서평에 대한 이야기를 들었을 때는 어떤 형식이나 틀에 사로잡혔다. 어떻게 써야 할까에 대한 고민이 많았다. 자꾸 고민만 한다고 서평이 잘 써질 것 같지는 않았다. 나의 경험상 모든 일은 그냥 하는 것이 최고라는 생각이 들었다. 남들이 "이것은 서평이 아니다"라고 하더라도 그것은 상관이 없다는 생각을 했다. 책을 읽고 나만의 생각을 표현하는 것이 중요한 것이다.

서평을 쓰기 전과 후에 책을 보는 관점이 달라졌다. 서평을 쓰기 전에는 책 내용에 집중했다. 이제는 책의 표지나 제목, 목차, 작가의 프로필, 서문도 꼼꼼하게 읽기 시작했다. 내가 이 책을 읽은 이유를 생각하게 되었다. 책을 선택할 때 서평을 먼저 생각하게 되니 책을 선택할 때 한 번 더 생각해보게 되는 것이었다.

나는 어떻게 서평을 쓸까?

1. 책에 대한 서평을 쓸 때 왜 내가 이 책을 읽게 되었는지에 대해서 쓴다.
2. 작가의 프로필과 서문을 간단하게 소개한다.
3. 책의 목차를 소개한다.
4. 내가 책을 읽고 마음에 드는 구절이나 글을 쓴다.
5. 마음에 드는 구절에 대한 내 생각이나 에피소드를 넣는다.
6. 마지막에 내 생각을 덧붙인 글을 쓴다.

내가 서평을 쓰는 방법이다. 서평은 때로는 길게 쓸 수도 있고 짧고 간단하게 쓸 수도 있다. 이것은 모두 내 마음 가는 대로 쓰고 있다. 서평을 할 땐 남들이 어떻게 생각할까에 대한 생각을 하지 않는다. 내가 책을 읽고 생각하는 책의 장단점에 대해 이야기하는 것이다.

서평을 쓰면 유익한 점은 다음과 같다.

첫째, 서평을 쓰면 책을 보는 관점이 달라진다. 서평을 쓰기 전에는 전적으로 독자의 입장이었다면 서평은 작가와 독자를 연결시켜주는 역할을 해주는 것이다. 그렇다 보니 책을 좀 더 꼼꼼하게 살펴보게 되고 객관적인 시각으로 보려고 한다.

둘째, 서평을 쓰면 수동적인 독서를 벗어나 능동적인 독서를 하게 된다. 그동안 책을 독자 입장에서 작가가 주는 글을 수동적으로 읽었다. 서평을 쓰게 되면 이 작가가 이런 글을 쓰게 된 이유는 무엇일까를 생각하게 된다. 무엇 때문에 이런 생각을 하게 되었을까? 나라면 이럴 때 어떻게 했을까? 이 책에서 내가 얻을 수 있는 것은 무엇이 있을까? 이런 생각들이 들기 시작했다.

셋째, 책 내용의 핵심을 찾기 시작했다. 책이 말하고자 하는 바를 찾게 된다. 서평을 쓰기 전에는 내가 읽고 글 한 문장에 초점을 두었다. 서평을 쓰기 시작하면서 책의 전체적인 맥락을 잡아가려고 애를 쓰기 시작한 것이다. 작가가 하고 싶은 말의 핵심은 무엇인지, 작가의 말이 나에게는 적용이 가능한 지에 대해 생각을 하기 시작한 것이다.

책을 읽다 보면 나에게 적용하기 힘든 것도 있었다. 나의 현재 상황과 환경을 고려해서 내가 할 수 있는 것과 없는 것을 구분하게 되었다. 나중에 할 수 있는 것들로 분류하게 되어졌다.

서평을 쓰기 전에는 책을 읽으면 모든 것을 다 그냥 받아들였다. 내가 지금 당장 할 수 없는 것들은 과감히 버리지 못하는 경우도 있었다. 이제는 할 수 없는 것들은 과감히 버리게 되었다.

넷째, 책 내용이 오랫동안 기억된다.

책을 읽고 서평을 쓴 책들은 오랫동안 기억에 남는다. 서평을 하지 않은 책들은 책장을 정리할 때 1순위로 버려지게 된다. 서평을 한 책은 오랫동안 간직하고 싶고 애착이 가게 된다. 내가 서평을 한 책은 기억이 제일 먼저 기억이 난다. 책의 내용이 무엇이었는지 잊지 않게 된다. 그렇지만 그 당시에는 감명 깊게 읽었지만 내용들이 제목조차 생각나지 않은 책들이 많이 있다. 이런 책들은 내가 서평이나 나의 감상평을 적지 않은 책들이다. 내가 서평을 쓴 책들은 내 기억에 오래 남아 있게 되었다. 읽은 책이 서평을 쓰면서 나만의 책으로 바뀐 것이다.

서평을 쓰는 사람들은 자신이 쓴 서평을 인터넷에 올린다고 하였다. 나 혼자 글을 쓴 후 혼자 보는 것보다 인터넷에 글을 올려 다른 사람들과 공유를 하라고 했다. 사람들이 가장 많이 사용하는 것이 네이버 블로그였다. 누구나 손쉽게 할 수 있고 돈이 들지 않는 것이었다. 네이버에 가입만 하면 누구나 이용할 수 있는 것이다. 일단 나도 시도해보기로 했다.

2019년 8월 3일 제일 처음으로 글을 올렸다. 김민식의 《매일 아침 써봤니?》라는 책을 읽고 처음으로 블로그를 하고 싶다는 생각이 들었다.

"매일 블로그에 글을 올리는 일에는 돈이 들지 않아요. 쓰는 것도 읽는 것도 돈 한 푼 안 들기에 저나 독자나 부담이 없고 더 즐거운 거예요. 독서가 취미고 글쓰기가 공부라서 즐거운 겁니다."

– 김민식, 《매일 아침 써봤니?》

이 책을 읽고 블로그를 시작했다. 그동안 책을 읽고 필사와 메모였다면 글쓰기를 연습하기 위해 시작한 일이었다. 처음에는 그냥 기본만 해놓았다. 학교에서 돌아오는 길에 블로그 만들기 강의가 있다는 배너를 보았다. 오픈한 지 얼마 되지 않은 '문작가 카페'였다. 우리 동네에 북카페가 생긴 것이었다. 이곳에서 하는 블로그 만들고 사용하는 방법에 대하여 배웠다. 그 이후 블로그에 내가 읽은 책에 대한 서평 글을 올리기 시작했다.

무엇이든 행동하는 것이 중요하다. 책을 읽고 한 줄의 글이라고 쓰면 된다. 서평이 어렵다고 힘들다 생각하면 행동하기가 어렵다. 무엇을 하든 '~하기는 쉽다'라고 먼저 생각하는 것이 중요하다. 쉽다고 생각하면 무엇이든 할 수 있다. 이제부터 쉬운 서평쓰기를 해보도록 하자.

같은 주제를 폭넓게 수평독서하자

"우리는 우리가 읽는 것으로 만들어진다."

– 마르틴 발저(Martin Walser)

책을 읽을 때 고민이 같은 주제로 책을 읽을 것인가? 아니면 한 가지 주제로 깊게 읽을 것인가? 에 대한 고민을 해본 적이 있다.

현실적으로 해결하거나 궁금한 것이 생겼을 때는 주로 수직 독서를 하였다. 내가 잘 알지 못하는 것들을 배우기 위한 독서를 한 것이다.

처음에 독서를 했을 때는 나의 전문 분야와 관련된 책보다는 공부에 대한 기초체력을 기르기 위한 독서를 했다. 시간이 흐르자 전문적이고 깊은 수직 독서의 필요성을 느끼게 되었다.

내가 하는 일에 대해 전문성을 쌓아야 하는데 여러 분야의 책을 읽는다면 어떻게 될까? 아니면 오로지 일을 통해서만 전문성을 쌓는 것이 좋은 방법일까? 다양한 책을 읽는다면 내가 하는 일에 대한 전문성을 쌓기는 힘들다. 내가 하고 있는 일과 관련된 책을 읽어야 한다. 내가 경영자라면 경영과 관련된 책을 중점적으로 늘 읽어야 한다. 내가 요리사라면 요리와 관련된 책을 꾸준히 읽어야 한다. 내가 현재 하는 일에 대한 전문성을 유지하고 성장하기 위해서는 꾸준하게 전문지식을 쌓아야 한다.

나의 환경이나 지금 당장 필요한 공부와 관련된 것이나 해결해야 할 문제가 있을 때는 수직 독서를 했다. 책을 읽기 시작할 때는 책을 어떻게 읽을 것인가에 대해 궁금했다. 올바른 독서법은 무엇인지 대한 생각을 하게 되었다. 독서법과 관련된 책을 읽고 나에게 맞는 독서법을 찾기 위해 수직 독서법을 했다. 나에게 맞지 않는 것들은 과감하게 정리했다.

당시 내가 읽었던 책들은 다음과 같다. 독서법은 고영성의 《어떻게 읽을 것인가》, 신정철의 《메모독서》, 강건의 《위대한 독서법》, 유근용의 《일독일해독서법》, 김병완의 《퀀텀 독서법》, 《다시, 책으로》 등을 읽었다.

공부하는 방법에 대해 고민일 때는 정주영의 《하버드생 1%의 비밀 》, 강성태의 《미쳐야 공부다》, 《강성태 66일 공부법》, 야마구치 마유의 《7번읽기 공부법》, 고영성과 신영준의 《완벽한 공부법》, 김병완의 《공부에 미친 사람들》, 조윤제의 《다산의 마지막 공부》 등 공부에 관련된 책을 계속 찾아 읽었다.

간호사라는 직업과 관련된 《간호사, 나는 사람입니다》, 《나는 꿈꾸는 간호사입니다》, 《나는 신들의 요양보호사입니다》, 《인생의 마지막 순간에서》, 《슬픔을 위한 시간》, 《뇌를 읽다》, 《1.4 킬로그램의 우주, 뇌》, 《감정 본색》, 《암이래, 어떡하지》, 《유전자 사냥꾼 신경심리학자 낸시 웩슬러》, 《당신이 병드는 이유》, 《암또의 임상노트》, 《프셉의 마음》 등을 책을 찾아서 읽기도 했다.

이렇게 한 분야와 관련된 여러 권의 책을 읽는 것이 바로 수직 독서이다. 수직 독서는 한권만 읽는 것이 아니다. 여러 권에서 수십 권의 책을 읽는 것이다. 같은 주제로 쓰여진 책이라도 작가의 관점에 따라 내용이 달라지기도 한다. 예를 들면 독서법에 대한 책을 읽으면 완독, 정독을 하라는 작가도 있다. 책을 꼭꼭 씹어 음미하면서 읽는 것이 좋다는 작가도 있다. 반면 다른 작가는 완독, 정독보다는 발췌독을 권하기도 한다. 처음에는 이런 글을 읽었을 때 어떤 것이 좋은 것이란 말인지 헷갈리기 시작했다. 하지만 지금은 책을 읽을 때 책의 내용에 따라 완독, 정독, 발췌독을 하고 있다. 이러한 서로의 반대되는 주장을 읽으면서 다시 한 번 나에게 질문을 하게 된다. '나는 어떤 독서법이 좋은 것일까?'라고 말이다. 만약 수직 독서를 하지 않았다면 한 가지 독서법만 고집하며 책을 읽고 있을지도 모른다.

한 가지 주제로만 책을 읽다 보면 책을 읽는 것이 지루하게 느껴지기 시작한다. 책을 읽는 것은 다양한 분야의 책을 읽는 것도 중요하다. 자기의 분야에서는 전문성을 바탕으로 깊게 아는 것이 중요하다. 거기에 다양한 분야의 책을 읽으면서 지식의 폭을 넓혀 나가는 것도 중요하다.

다양한 분야의 책을 읽을 때는 현재 사회에서 이슈가 되는 내용의 책도 읽었다. 짐 로저스와 인터뷰를 한 책, 사천 처드리의 《무엇을 아끼고 투자할 것인가》, 《상위1% 알고 있는 가상화폐와 투자의 진실》, 마토바 아키히로의 《위험한 자본주의》, 홍춘욱의 《50대 사건으로 보는 돈의 역사》, 조신영의 《먹구름 너머 눈부신 삶은 어떻게 만날 수 있을까?》, 마이크 베이어의 《베스트 셀프》, 티모시 와인가드의 《모기》, 나심 니콜라스 탈레브의 《안티프레질》, 마이클 하얏트의 《탁월한 인생을 만드는 법》, 톰 오브라이언의 《당신의 뇌를 고칠 수 있다》, 유은정의 《혼자 잘해주고 상처받지 마라》, A.W 토저의 《기도》, 어니스트 헤밍웨이의 《노인과 바다》. 헤르만 헤세의 《수레바퀴 아래서》, 도스토엡스키의 《죄와 벌》, 그리고 시집도 읽었다. 김선희의 《낙엽에도 가시가 있다》, 김용현의 《더이상 눈물은 안 되겠다. 우는 방법도 잊어야겠다》, 양광모의 《삶이 내게 뜨거운 커피 한잔 내놓으라고 한다》, 나태주의 《끝까지 남겨두는 마음》 등을 읽었다.

다양한 책을 읽으면서 느낀 것은 우리의 인생이 하나로 정의될 수 없다는 것이다. 사람이 살아가는 모습과 중요하게 생각하는 것이 모두 다르다는 것이었다.

수평독서를 하면서 가장 기억에 남는 것은 시집이었다. 시를 읽으면서 이렇게 짧은 단어, 글들이 마음에 콕 박힐 수 있다는 것을 깨달았다. 그 후부터 시를 자주 읽게 되었다. 시가 주는 울림은 글이 주는 감동과는 다른 느낌이었다.

다양한 책을 읽는 수평독서의 몇 가지의 장점들이 있다.

첫째, 나의 지식을 폭을 넓힐 수 있다. 책을 통해서 내가 직접 경험하지 않아도 되는 간접경험들을 쌓을 수 있는 것이다. 이러한 간접경험들은 내가 다양한 사람들을 만났을 때 막힘이 없는 대화를 할 수 있다. 그들이 겪은 직접 경험은 없지만, 책을 통해 간접 경험을 했기 때문에 공감을 해줄 수가 있다.

둘째, 다양한 관점을 얻을 수 있다. 여러 가지 책을 읽음으로써 세상을 바라보는 다양한 관점을 얻을 수 있다. 다양한 관점을 가짐으로써 우물에 갇힌 내 사고가 깨어진다. 세상을 바라보는 안목이 넓어지는 것이다. 안목이 넓어진다는 것은 눈앞에 보이는 사물에 초점을 두는 것이 아니다. 한 걸음 앞선 미래에 시선을 두는 것이다. 현재 눈앞에 벌어진 문제에 시선을 두지 않고 성장의 결과에 시선을 두게 된다.

수평독서를 할 때는 수직독서와는 다르게 빠르게 읽었다. 수평독서는 호기심의 충족과 정보를 쌓는 일이었다. 이럴 경우는 수직독서와는 다르게 조금 빠르게 읽는다. 수평독서는 수직독서 보다는 조금 편안한 마음으로 책을 읽게 된다. 수직독서를 할 때는 내가 알고 있는 지식과 다른 점이 있는지, 새로운 정보나 지식이 있는가를 살펴보게 된다. 한마디로 책의 내용을 따져보고 분석하고 통합해야 한다. 수직독서를 하다가 잘 이해되지 않는 부분이 나올 경우에는 관련 전공서적을 찾아보기도 했다.

나는 평소에는 수평독서를 하고 있다. 분야를 가리지 않고 다양한 책을 읽으며 지식을 축척하고 있다. 책을 읽을 때 수직과 수평을 특별하게 구분 짓지는 않는다. 수평독서를 하다가 나의 전문분야와 관련된 책을 발견하면 수직독서를 하기도 한다.

책을 읽을 때는 그때그때 상황에 따라 책을 읽으면 된다. 폭넓고 깊은 지식은 우리를 융합적 사고를 하는 사람으로 만들어준다. T자형 독서법이라고도 한다. 우리도 이제 이런 독서법으로 AI시대에 준비된 사람으로 살아가자.

세 번 반복해서 읽자

우리가 어떤 일을 처음 시작할 때는 어려움을 겪는다. 대부분의 사람들은 아무런 어려움 없이 원하는 모든 일을 이루고 싶어 한다. 뭐든 한방에 되는 일은 없다는 것을 알면서도 마음의 유혹을 뿌리치기 힘들다. 어떻게 하면 쉽게 할 수 있을까? 하는 생각도 해보기도 한다. 이런저런 방법을 찾아보지만 뾰족한 방법은 없다. 비록 완벽하지 않더라도 실행하는 것이 최고의 방법이다.

우리가 알고 있는 1만 시간의 법칙이 있다. 1만 시간의 법칙은 어떤 분야의 전문가가 되기 위해서는 최소한 1만 시간 정도의 훈련이 필요하다는 것이다.

1993년 미국 콜로라도 대학교의 심리학자 앤더스 에릭슨(K. Anders Ericsson)이 발표한 논문에서 처음 등장한 개념이다. 그는 세계적인 바이올린 연주자와 아마추어 연주자 간 실력 차이는 대부분 연주 연습 시간에서 비롯된 것이며, 우수한 집단은 연습 시간이 1만 시간 이상이었다 한다.

우리가 성공적인 삶을 살기 위해서는 연습이 필요하다. 연습은 곧 올바른 방법으로 반복을 하는 것이다. 누구나 한번 만에 되는 사람은 없다. 그동안 소소하게 연습해 온 것들이 어느 날 빛을 발한 것이다.

우리가 잘 알고 있는 피겨스케이터 김연아 선수, 발레리나 강수진 등 세계적인 정상급의 사람들은 연습벌레였다. 그들이 이룬 결과는 그들의 연습을 한 시간과 비례한 것이다.

평범한 우리는 우리가 바라는 것들이 성공하기를 바라지만 한두 번 해보고 안 되면 그만 둔다. 더는 시도하고 실패하며 다시 도전하지 이유에 대해서 핑계를 대기 바쁘다. 머리로는 내가 반복연습을 하지 않아서 그렇다는 것을 스스로가 잘 알고 있다. 다만 남들에게 실패한 모습을 보여주기 싫어서 변명하는 것뿐이다. 반복연습을 하는 것이 귀찮고 번거롭기 때문에 현재의 모습에 안주해 버리게 된다.

대학교 다닐 때 '하모니카'를 배울 기회가 있어 신청했다. 내가 음치, 박치지만 그래도 하모니카를 한번 불어보고 싶다는 생각을 하게 됐다. 하모니카를 지도해주시는 선생님께 음치, 박치도 되냐고 물었더니 다 된다고 했다. 그래서 용기를 내어서 하모니카를 배우게 되었다. 처음에는 들이쉬고 내쉬고 연습을 했다. 하모니카의 도 자리가 어디인지 찾을 수가 없었다. 모든 소리가 도로 들렸다. 연습하면 소리의 구분을 할 수 있다고 했다. 선생님의 말처럼 매일 10분이라도 연습을 하니 자리 구분을 하고 음을 제대로 낼 수가 있었다. 악보 보는 것도 처음에는 눈에 들어오지 않았다. 악보를 천천히는 볼 수 있지만, 하모니카를 불면서 빠르게 악보를 읽는 것이 제대로 되지 않았다.

선생님은 연습을 하면 된다고 했다. 무엇이든 연습하면 되니까 걱정을 하지 말라고 했다. 잠깐 배우는 시간 말고 집에 가서도 틈틈이 연습하면 다 된다고 했다. 그 말을 듣고 욕심을 부리지 않고 틈틈이 매일 연습을 했다.

2016년 그해 10월의 마지막 밤 다른 악기들과 함께하는 음악발표회에서 하모니카를 악보를 보면서 불 수 있었다. 연습하면 무엇이든 할 수 있다는 것을 경험한 것이다. 이론이나 생각으로는 반복하거나 연습한다는 것은 안다. 막상 내가 하는 해야 하는 일이 되면 한 번에 이루어지기를 원한다.

책 읽기도 이와 같다. 처음 책을 선택해서 책을 한 번 읽게 된다. 책은 읽었지만 이해가 되지 않는 경우가 있다. 같은 책을 한 번이 아니라 두세 번 반복해서 읽으면 어떻게 될까? 책을 한 번 읽는 것과 또 다른 느낌으로 책이 다가온다. 책을 읽을 때마다 책이 주는 느낌은 달라진다. 내가 책을 바라보는 관점도 달라진다. 처음에 읽었을 때는 보이던 것들이 두 번째 읽었을 때는 보이지 않는 경우도 있다. 같은 책을 읽고 있지만 다른 책을 읽는 느낌을 가지게 된다. 처음 읽은 것은 두 번째 책을 읽기 위한 기초가 됐다. 세 번째 읽을 때는 책에 전체적인 뼈대를 알고 읽기 때문에 내가 거기에다 살을 붙이게 된다. 내 의식이 성장해 어느새 그 책이 나의 것이 되는 것이다.

내가 가장 반복해서 읽기 중에서 가장 많이 본 것은 《성경》이다. 《성경》을 처음 읽었을 때는 죄만 보였다. 인간의 죄만 가득하게 보였다. 죄만 보이니 《성경》을 읽는 것이 무서웠다. 《성경》을 두 번째 읽었을 때는 용서가 보였다. 인간의 죄를 용서하시는 하나님이 보였다. 《성경》을 세 번째 읽었을 때는 하나님의 사랑만 내 눈에 들어왔다. 《성경》의 내용과 글이 변하지는 않는다. 내가 《성경》을 바라보는 시각과 의식이 변하는 것이었다.

세 번 반복해서 같은 책을 읽게 되면 세 권의 책을 읽는 것과 같다. 서로 다른 책 여러 권 읽는 것보다 세 번 보는 한 권의 책이 나와 더 깊은 유대관계를 가지게 된다.

책 읽기를 시작할 때는 다독을 했다. 무조건 많이 읽기에 집중했다. 아마 그때는 허기진 배를 채우는 시기였던 것 같다. 갈증과 배고픔에 허겁지겁 책을 씹거나 음미하지도 않고 삼키기에 바빴다. 사람들은 어느 정도 갈증과 배고픔이 해결되고 나면 질 좋은 맛있는 음식을 찾게 된다. 책도 마찬가지라고 생각한다. 어느 정도 책 읽기를 하고 나면 나를 성장시키고 나의 의식을 일깨워주는 책을 찾는 것이다. 그런 책을 찾으면 한 번만 읽고 책을 내려놓지 않게 된다. 늘 곁에 두고 내가 필요할 때 펼쳐보고 싶어 하게 되는 것이다.

새로운 일을 시작할 때는 지치고 힘이 든다. '내가 잘하고 있는 걸까? 내가 올바른 선택을 한 것일까?' 하는 생각이 들 때도 있다. 네빌 고다드의 《상상의 힘》, 웨인 다이어의 《확신의 힘》, 오시마 준이치의 《커피 한 잔의 명상으로 10억을 번 사람들》 등 내게 힘을 주는 책을 읽는다.

이러한 책을 반복해서 읽는 이유는 내 의식의 상승을 위해서이다. 자주 보고 읽고 내 머릿속에 새기기 위함이다.

나는 가끔 이런 생각을 하며 책을 읽는다. '내가 이 책을 반복해서 읽는 것은 나를 세뇌시키기 위해 읽는다'라는 생각을 한다. 세뇌라는 것이 긍정적인 뜻의 단어는 아니다. 내가 변화되지 않고 주저하는 내 모습들이 싫었다. 내 모습을 변화시키기 위해서는 머릿속에 세뇌를 시켜야 한다는 생각이 든 것이다. 남이 억지로 시키면 세뇌이지만 내가 나에게 하는 것은 반복학습인 것이다. 이런 반복학습을 통한 생각의 변화가 행동으로 나타날 것이라는 기대를 한 것이다.

"생각을 조심하라, 그것은 곧 너의 말이 된다. 말을 조심하라, 그것은 곧 너의 행동이 된다. 행동을 조심하라, 그것은 곧 너의 습관이 된다. 습관을 조심하라, 곧 너의 인격이 된다. 인격을 조심하라, 그것은 곧 너의 운명이 된다." – *마거릿 대처*(Margaret Hilda Thatcher)

나도 반복적인 읽기를 통해서 내 생각을 변화시키려고 했다. 내가 생각이 바뀌지 않는 한 내 인생은 같은 선택과 같은 행동을 하게 된다는 것을 깨달았다. 내가 생각을 변화시키기 위한 연습은 결코 하루아침에 되지 않는다. 나의 근본적인 생각이 바뀌지 않으면 다시 제자리로 돌아오기 마련인 셈이다. 이런 반복적인 읽기를 통해 나의 생각들이 변화했다. '할 수 없다'에서 '할 수 있다', '하면 된다'라는 긍정적 생각으로 변화한 것이다.

내 생각 속에서 우리의 미래가 결정된다. 이런 우리의 생각 즉 의식성장을 위해서 우리는 책을 반복해서 읽어야 한다. 반복해서 읽는 것은 힘들지 않다. 처음 읽을 때다 훨씬 더 잘 이해하면 책을 읽을 수 있다. 책을 읽는 시간도 처음 보는 것보다 많이 줄어들게 된다. 한 권의 책을 세 번 이상 읽는다면 놀라운 의식성장을 이룰 것이다. 의식이 성장하게 되면 어떠한 것들도 해낼 수 있다. 이제부터 한 권의 책을 세 번 읽어보기를 권한다.

학교에서 사용하는 교재도 세 번 이상 읽으면 이해되지 않는 것이 없어진다. 내가 바로 그 경험자다. 무슨 책을 읽던 이제부터는 세 번 이상 읽기를 하자. 지금 내가 반복해서 읽는 그 문장이 나를 변화시킨다.

5장

독서는 평범한 사람도 특별한 사람으로 만든다

독서에 대한 편견과 오해

우리는 왜 책 읽기를 시작하지 않는 것일까? 책이 주는 유익함을 보고 듣지만 우리는 책을 읽지 않는다. 주위의 성공한 사람들은 다들 책을 많이 읽는다는 이야기는 귀에 딱지가 앉도록 들어왔다. 반대로 책 한 권 읽지 않고도 성공한 사람들도 있다. 책을 읽지 않고 성공한 사람들은 직접 자기가 부딪쳐가며 많은 경험과 지혜를 얻은 사람들이다.

책이 반드시 성공을 부른 것은 아니다. 하지만 내 인생을 성공의 지름길로 안내해주는 것은 책이다. 책은 직접 경험한 사람들의 지혜와 노하우의 결정판이다. 우리는 책을 쓴 사람들의 끝에서 시작하는 사람들이다.

우리가 책 읽기에 대해 어떤 오해와 편견이 있는지 알아보자.

첫째, 책 읽기를 시작하기 가장 좋은 때가 있다. 책 읽기에 가장 좋은 때라는 것은 초, 중, 고등학교 때라는 것이다. 이 시기는 백지상태라 모든 지식을 스펀지처럼 흡수한다. 부모님들이 어릴 적에는 엄청난 시간과 돈을 투자해서 책을 구입하고 책 읽기를 시킨다. 어린 나이부터 꾸준히 책을 읽게 된다면 이것보다 좋은 일은 없다. 어린아이들에게 하는 책 읽기는 책 읽는 즐거움을 알게 하는 것이 중요하다. 어린아이들이 책 읽는 즐거움을 안다면 평생을 끊임없이 책을 읽을 것이다.

내가 생각하는 책 읽기를 시작하기 가장 좋은 때는 '지금'이다. 내가 책을 읽어야겠다고 생각하는 지금 이 순간이 나에게 있어 가장 책 읽기 가장 좋은 때이다. 이런 생각이 드는 순간이 책 읽기가 가장 필요한 순간인 것이다.

둘째, 책 읽기는 책을 좋아하는 사람들이 한다.

나도 책을 읽기 전에는 이렇게 생각했다. 어쩌다 책을 한 번 읽는 사람을 책을 좋아하는 사람이라고 말하지 않는다. 꾸준하게 책을 읽는 사람을 말한다. 사람들이 나에게 취미가 뭐냐고 물어보면 독서라고 말했다. 왜냐면 지금 책을 읽지 않더라도 언젠가는 읽을 것이기 때문이었다. 그 언젠가가 자꾸만 미루어진다는 것이 문제였다.

사람들은 책을 읽는 사람들이 책을 좋아한다는 것은 반은 맞고 반은 틀린다. 책 읽기를 시작할 때는 내 나름의 기대와 흥분감을 가지고 책을 읽는다. 한동안은 책이 재미있고 책을 읽는 것이 즐겁다. 시간이 흐르면서 책 읽기에 대한 흥미가 떨어지게 된다. 책에 대한 흥미가 떨어지고 나면 책에 손이 가지 않는다. 책을 읽는 속도도 떨어지고 책을 읽기보다는 다른 흥미로운 일을 찾게 된다. 이런 순간을 잘 극복하면 흔들림 없이 꾸준하게 책을 읽게 된다. 책 읽기의 습관을 지니게 되면 책 읽기는 일상생활처럼 자연스러워진다.

셋째, 책을 읽고 실천을 해야 한다.

책을 읽으면 바로 실천을 해야 한다고 말한다. 내가 책 읽기가 하기 싫은 이유 중 하나였다. 나는 그냥 편하게 책만 읽고 싶었다. 편하고 재미있게 그냥 책을 읽고 싶을 뿐인데 실천하지 않으면 아무 소용이 없다고 했다. 우리가 그냥 TV나 영화를 보듯이 그냥 보면 안 될까 하는 생각을 했다. 책을 읽지 않고 실천에 대한 부담감을 느끼지 않는 것이 오히려 편한 듯 보였다. 이런 부담감을 가지고 책을 가지고 책을 읽을 절박함이 내게는 없었다.

늦은 나이에 대학에 입학하면서부터는 필요에 의해 책을 읽게 되었다. 내가 책을 읽은 것은 책을 읽고 실천하겠다는 의지는 하나도 없었다. 만약에 내가 책 읽기를 시작했을 때 실천에 대한 압박감이 있었다면 시작하지도 않았을 것이다.

책을 읽으면서 아무것도 하지 않았다. 학교에서 해야 하는 의무적인 독서토론 빼고는 책을 읽고 어떤 생각도 하지 않았다. 책 읽기에 대해 이런저런 많은 방법보다는 책을 좋아하는 것이 먼저다. 책 읽기 습관이 자리잡히면 나의 내면에서 꿈틀대는 욕망이 생기기 시작한다. 이 욕망이 나를 실천하는 사람으로 이끌어준다.

넷째, 자신의 수준에 맞거나 약간 높은 책을 읽어야 한다. 나는 이 이야기에 동의하지 않는다. 나의 수준에 맞지 않더라도 일단 책을 읽는 것이 중요하다. 내가 성인이라고 해서 성인 수준에 맞는 책을 읽을 필요는 없다.

책 읽기를 처음 하는 사람들은 책 읽기에 있어서 어린아이라고 생각한다. 처음부터 밥을 먹으라고 하면 소화를 시킬 수 없다. 내가 소화시킬 수 있는 책으로 나에게 맞는 방법으로 읽는 것이 중요하다. 아이들이 보는 수준의 쉽고 간략한 책을 보는 것도 한 방법이다. 아이들이 보는 책은 알록달록 예쁜 색상과 그림들이 들어있어 책을 읽는 즐거움을 더해준다. 이러한 쉽고 재미있는 책을 읽다 보면 내가 읽는 책의 수준이 점차 올라간다.

급할수록 서둘러 가라는 말이 있다. 책 읽기도 이와 같다. 모든 첫 발걸음은 쉽고 재미있게 시작하여 한 계단씩 올라가는 것이 오래가는 비결이다.

다섯째, 책은 빨리 읽는 것이 좋다.

책 한 권을 읽는 속도가 빠른 사람들을 보면 대단하다고 느낀다. 나도 책을 저렇게 빨리 읽을 수 있으면 얼마나 좋을까 하고 부러워한 적이 많이 있다. 책을 빨리 읽으면 하루에 몇 권씩 읽을 수 있을 것 같았다. 어느 정도 책을 읽은 후에는 책 한 권을 빨리 읽는 것보다는 나에게 필요한 부분을 찾아서 읽는 것이 유익할 때가 더 많아졌다. 책을 빨리 읽는 것에만 집중하다 보면 무엇을 읽었는지 기억이 나지 않은 경우가 많았다.

처음에는 책을 빨리 읽는 것이 좋은 줄 알고 최대한 빨리 읽으려고 했다. 250~300페이지 정도 되는 책을 1~2시간 만에 읽기를 해봤다. 단점은 책을 다 읽고 나면 생각나는 것이 하나도 없었다. 책 읽기를 빨리하게 되면 좋은 점은 하나 있다. 집중력이 엄청나게 올라간다는 것이다. 앉은 자리에서 책 한 권을 빨리 읽고 끝내야하기 때문에 다른 생각을 할 틈이 없다. 옆에서 어떤 소음도 귀에 들어오지 않는다. 한여름에 날씨가 더운지, 해가 져서 캄캄한지도 모르게 된다.

책은 한 권 읽었지만 생각나는 것이 없는 것을 해결하는 방법을 찾게 되었다. 책을 읽을 때 필기도구를 들고 읽는 것이다. 내가 책을 빠르게 읽는 동안 마음에 드는 문장, 감동을 주는 문장, 아이디어가 되는 문장에 줄을 그으면서 읽는 것이다. 줄을 그은 문장들은 이후에 줄을 그은 문장을 한 번 더 읽어보는 것이다. 이런 방법으로 책을 읽게 되니 책을 빨리 읽음으로써 생기는 단점들을 보완할 수 있었다.

여섯째, 책은 많이 읽는 것이 좋지 않다.

처음에는 다양한 책을 많이 읽는 것이 좋다. 내가 관심을 가지거나 나에게 맞는 책의 수준을 찾기 위해서는 다양한 책을 많이 읽는 것이다. 나도 처음에는 다양한 많은 책을 읽었다. 장르나 수준을 가리지 않고 읽었다. 책을 읽는 것이 지겨울 때는 낯간지러운 로맨스 소설도 읽고 만화책도 읽었다. 《신의 물방울》, 《심야식당》이라는 시리즈 만화책도 읽었다.

그냥 무조건 읽기를 통해 세상을 바라보는 내 마음의 눈이 떠졌다. 어느 순간 심봉사가 눈을 뜨듯이 세상을 바라보는 눈이 바뀌게 되었다. 부정적이고 비관적인 눈이 세상을 긍정적이고 희망적인 눈으로 모든 것을 바라보게 된 것이다. 책 읽기 전보다 내 마음도 훨씬 여유로워졌다.

책을 많이 읽던 정독을 하던 이것은 중요하지 않다. 사람들이 각기 다르듯이 책을 읽고 받아들이는 사람들의 속도도 모두 다르다. 한 권의 책으로 지혜를 얻는 사람이 있는 반면에 나처럼 많은 책을 읽은 후에야 생각을 시작하는 사람도 있는 것이다. 모든 일에 있어서 남들과 비교하지 않는 것이 중요하다. 내가 책을 읽고 있는 나 자신을 먼저 자랑스럽게 생각해야 한다. 나를 자랑스럽게 여기는 그 기쁨에 다시 책을 읽게 된다.

예전에 유행했던 말들이 있다. "글로 배웠어요." 모든 것을 글로 배운 사람과 직접 부딪혀서 경험으로 배운 사람들이 있다. 나도 가끔은 내가 글로만 배운 사람이 될까 걱정이 되기도 할 때가 있다. 글로만 배운 것은 내가 현장에서 직접 부딪칠 때 힘이 든다. 우리의 삶의 현장에서는 글로 배운 지식과 경험들이 어우러져서 큰 실력으로 성장할 것이다. 글로만 배운 것들이 우리를 앞으로 나가지 못하게 할 때도 있다. 현실과 동떨어진 이론가가 될 수 있는 것이다. 이론가가 되지 않기 위해 책을 읽고 직접 실천을 해봐야 한다고 하는 것이다. 나도 책만 읽다가 이제는 하나씩 도전하고 실천하고 있다. 책만 읽었을 때와는 또 다른 기쁨을 얻게 되었다.

책 읽기는 "우리 몸에 너무 좋은데 이걸 뭐라 말할 수도 없고…"라는 광고문구와 같다. 이제는 책에 대한 편견과 오해를 버리고 책 읽기를 시작해보자.

나는 독서로 더 넓은 세상을 만났다

'나는 책 읽기로 더 넓은 세상을 만났다.' 이 문구를 보니 내 가슴이 뛴다. 나에게 더 넓은 세상은 어떤 곳일까. 일단 더 넓다는 생각만 해도 가슴이 확 트이고 시원한 기분이 든다.

요즘 세상은 아주 빠르게 변화하고 있다. 4차 산업혁명, 인공지능 등 미래에 없어질 우리의 직업은 무엇이 있는가? 그리고 현재는 전 세계가 코로나19로 인한 사태를 겪고 있다. 이러한 상황은 우리만 겪는 것이 아니라 전 세계의 모든 사람이 겪고 있는 것이다.

"*미래는 불확실하다. 그래도 인간 본성, 기술발전, 역사적 트렌드 등과 미래에 대한 우리의 기대가 어떻게 일치하는지 한번 생각해볼 필요가 있다. 먼 미래에 더욱 중요해질 것들이 무엇인지 아*

는 것만큼이나 머지않은 미래에 가장 중요한 것이 무엇인지 아는 것이 중용하다. 코로나19로 인해 한 가지 공공연한 비밀이 드러났다. 바로 지식 노동자로 산다는 것, 기술을 통해 원격으로 업무를 처리할 수 있다는 것은 직업 종말의 시기에 살아남는 방법이 된다는 것이다."

– 제이슨 셍커(Jason Schenker), 《코로나 이후 세계》

예전에는 기술의 발전이나 환경의 변화가 느리게 이루어졌다. 지금은 모든 환경의 변화가 너무나 빠르다. 변화하는 환경에 나를 적응하기가 힘들 정도이다.

코로나19로 인해 근무환경이 바뀌어 가고 있다. 미래의 전문직은 원격업무를 기반으로 하고 있다. 아직은 현장에서 일하는 사람들이 많이 있다. 앞으로는 모든 일이 온라인을 기반으로 이루어지고 있다. 이제는 대면으로 만나서 하는 일보다 비대면으로 온라인으로 하는 시대의 문이 열린 것이다. 온라인의 장점은 시간, 비용의 절감이다. 대면은 일대 소수였지만 비대면은 일대 다수를 대하는 일이다.

유튜브, 블로그, 인스타, 페이스북 등으로 사람들은 소통하고 찾아가고 있는 것이다. 코로나19가 이러한 변화를 앞당긴 것이다.

책은 우리에게 발 빠르게 세상이 변하고 있음을 알려준다. 내가 미래를 위해 어떻게 준비해야 할 것인가에 대해서 이야기를 알려주는 셈이다. 책을 읽고 세상의 변화를 알아채는 것이 중요하다.

그나마 내가 선택한 간호사라는 직업은 고령화로 인해 오랫동안 유지되는 직업이라고 한다. 병원 치료가 필요할 경우에는 치료와 간호를 받기 위해서는 사람이 필요한 일이기 때문이다. 이 분야는 자동화되거나 인공지능 로봇으로 대체되기 어렵다. 미래를 위한 직업을 선택해야 한다면 의료분야가 그나마 취업의 기회가 높은 직종이다.

책은 우리가 사는 세상이 어떻게 변해 가는지를 발 빠르게 알려준다. 우리가 미래에 대하여 준비를 할 수 있도록 알려주는 것이다.

"거인에 어깨에 올라 세상을 바라보라."

– 뉴턴(Isaac Newton)

책을 읽는다는 것은 거인의 어깨에 오르는 것이다. 앞서 살았던 사람들의 어깨에 올라가 더 넓은 세상을 바라보는 것이다. 거인들과 함께라면 어떠한 것도 두려울 것도 없을 것이다.

간호사라는 직업에 대하여 생각을 해보았다. 간호사 하면 떠오르는 것은 '백의의 천사' 나이팅게일이다. 우리가 평소에 꿈꾸거나 상상한 모습이 간호사를 생각하게 된다. 책을 읽기 전에는 간호사라는 직업 자체에 대한 생각만 했다. 간호사라는 직업에 대한 어떠한 개념도 정의도 없었다. 병문안 갔을 때 유니폼을 입고 우리가 알지 못하는 의학용어로 말하는 모습들이 멋있어 보였다. 우리의 혈관에 무덤덤한 모습으로 주사를 놓는 것이 무척 용감한 사람 같았다. 간호사 국가고시에 합격하면 누구나 간호사가 될 수 있다.

간호사가 되는 것이 최종 목표였다. 어떤 간호사가 되고 싶은지, 어떤 간호사로 살고 싶은지는 생각해본 적이 없다. 그냥 간호사면허증만 있으면 된다는 생각을 한 것이다.

우리는 내가 원하는 직업이 꿈이라고 생각을 한다. 나도 간호사라는 직업이 나의 꿈이었다. 직업을 나의 꿈이 되었을 경우 오히려 그 직업을 가지게 되면서 방황을 할 수도 있다. 왜냐면 내가 생각한 직업과 내 꿈꾼 모습은 다르기 때문이다. 핑크빛일 것 같던 내 꿈들이 막상 직업이 되면 잿빛으로 다가오기도 한다.

어떤 직업을 가지고 있던 직업에 대한 나만의 개념이나 정의가 없으면 버텨내기가 힘들다. 책을 읽으면서 나는 어떤 간호사가 되고 싶은지를 생각하게 되었다.

대학교에 다니면서 과제를 많이 한 것은 간호란, 간호사란, 나는 어떤 간호사가 되고 싶은가에 대한 질문이었다. 간호란 무엇인가에 대한 정의를 내려놓은 많은 학자가 있었다. 그 중에 기억에 남는 것은 '간호는 예술이다'라는 말이다. 처음에 이 말을 들었을 속으로 웃었다. 간호가 왜 예술이냐는 생각이 들었기 때문이다. 간호사들이 주로 하는 일은 건강한 사람이 아니라 병들고 지친 사람들을 대상으로 하는 일이다. 병원실습을 하면서 병들고 지친 환자들이 질병이 완치돼 퇴원하는 모습과 삶의 마지막을 정리해서 깨끗한 모습으로 보내주는 간호사의 모습을 지켜봤다. 그 모습을 보면서 간호사는 대단한 일을 하는 사람이라고 생각했다.

간호사는 엄마라는 생각을 했다. 엄마는 아이가 자라서 성인이 되는 것 지켜보는 사람이다. 아이가 어릴 적에는 전적으로 엄마에게 의존하지만, 나이가 되면 스스로 모든 것을 할 수 있게 된다. 간호도 이와 같다는 생각을 하였다. 처음 입원했을 때는 아무것도 하지 못하던 환자들이었다. 점차 회복되어 건강한 모습으로 퇴원하는 것을 지켜보았다. 그 모습을 보면서 환자는 나에게 있어 돌봐야 할 어린아이라는 생각을 하게 된 것이다. 이 생각을 하고 난 이후부터는 환자들의 짜증에도 감정의 동요가 생기지 않았다. 어린아이라 생각하면 모든 것이 이해됐다.

병원실습을 하면서 간호사라는 직업에 대한 갈등이 있었다. 간호사라는 직업에 대한 환상이 깨어진 것이었다. 이런 환상이 깨질 때 선배간호사들이 쓴 책을 읽었던 것이 많은 도움이 되었다.

책을 읽기 전에는 간호사가 되면 모든 것이 완성된 것처럼 생각했다. 지금은 내가 더 큰 꿈을 향해 나아가는 한 발자국일 뿐이라는 생각을 하게 되었다. 이런 생각을 한 이후에는 작은 일에 마음이 상하거나 상처를 받지 않는다. 나의 눈은 현재의 환경이 아니라 내 꿈을 바라보고 있다. 또한, 나는 날마다 모든 면에서 조금씩 나아지고 있는 사람이라는 성장에 마음을 두고 있기 때문이다.

나는 나의 과거와 결별했다. 나는 과거에 받은 여러 가지 상처들을 늘 곱씹으며 나를 괴롭히며 살아왔다. 신앙에 기대어 수동적인 자세로 용서한다고 말했다. 용서는 그때뿐이었다. 뒤돌아서서 며칠 지나면 다시 상처들이 되살아났다. 용서하지도 잊어버리지도 않고 살아온 멍청한 사람이었던 것이다.

"멍청한 사람은 용서하지도 잊어버리지도 않는다. 순진한 사람은 용서하고 잊어버린다. 현명한 사람은 용서하되 잊어버리지 않는다."

– 토마스 실머스

딕 디비츠(Dick Tibbits)는 《용서의 기술》에서 삶은 공평하지 않다고 하였다. 나는 삶은 공평하다고 생각을 하였다. 삶은 공평하지 않았는데 공평하다는 생각한 것이 잘못된 출발선이었다.

책을 읽은 이후는 과거를 바라보는 나의 시선이 나의 미래로 바뀌었다. 과거만 바라보며 신세 한탄만 하며 세상의 온통 슬픔과 고통은 혼자 다 지고 가는 것처럼 살았다. 내가 세상을 바라보는 관점이 과거의 후회된 일에 초점을 맞추지 않게 되었다. 이제는 내가 무엇을 할 것인가에 대해 고민을 하게 되었다.

지금은 내가 그토록 고통스럽다고 느꼈던 모든 것들이 나의 기억에서 사라졌다. 그 고통이 힘들어서 죽음을 생각했던 나였다. 책을 읽으면서 내 마음의 상처도 치유 받게 되었고 갇힌 나만의 세계에서 더 넓은 세계를 보게 되었다.

이러한 멋진 세상이 있는 줄도 모르고 세월을 허비한 것이 아까웠다. 모든 것이 지나간 지금은 오히려 힘든 일들을 노년에 겪지 않아서 감사하다고 말을 한다. 왜냐면 이제부터 다시 시작할 수 있다는 용기를 주는 최고의 친구인 책이 있어 외롭지 않기 때문이다.

책이라는 거인의 어깨에 올라 더 넓은 세상을 바라보게 되었다. 넓은 세상을 바라보자 모든 것이 용서되고 이해되지 않는 것이 없었다. 모든 일에 감사하는 마음만 가득하게 되었다. 앞으로 내가 할 수 있는 일은 무엇이 있는 것인가에 대해서만 생각을 하고 있다.

열심히 살지 말고 특별한 사람이 되어라

많은 사람들은 성실하고 열심히 살면 멋진 성공할 것이라 여기며 하루를 살고 있다. 아이를 키울 때도 성실하지 않거나 열심히 공부하지 않으면 화가 났다. 열심히 성실하게 공부를 하고 좋은 대학을 가는 것이 성공인 줄 알았다. 남들이 말하는 엄친아가 되는 것이 아이가 자신의 인생을 잘 살 수 있다고 생각한 것이다. 하지만 아니었다. 그냥 열심히만 살면 되는 것이 아니었다. 열심히 살지 말고 나만의 특별한 모습으로 살아야 하는 것이었다.

특별하다고 해서 남들과는 다른 명품을 가지고 남보다 더 뛰어나야 한다는 것이 아니다. 특별한 것은 나만의 특별함을 의미한다.

우리는 이 세상에 태어나는 순간부터 특별한 존재다. 세상에는 나와 같은 사람은 없다. 같은 부모님 밑에서 태어나도 너무나 다르다. 나는 세상에 둘도 없는 보물인 것이다. 나의 가치를 따지면 얼마나 될까 생각해본다. 아마 가격을 매길 수 없을 것이다.

예전에 나를 가치 없는 존재라고 여기며 살았다. 자신을 쓰레기통에 던져 버려도 아무도 쳐다보지 않을 것이라고 여겼다. 어쩌면 쓰레기보다 못한 존재라고 여기며 냄새가 나는 존재로 여겼다. 내가 나를 비하하고 비난하기에 바빴던 것이다.

우리가 특별한 삶을 살기 위한 방법들은 의외로 간단했다. 어쩌면 우리가 이미 알고 있었지만 실천하지 않는 것들이 많다. 지식으로는 알지만 행동으로 실천이 되지 않는 것이다. 나도 이러한 과정을 겪었다. 무슨 말인지는 알고 이해하겠는데 행동으로는 잘 안되는 것이었다.

열심히 살지 않고 특별하게 사는 방법은 다음과 같다. 의외로 너무 쉬워 나도 알고 있었는데 하고 말할 것이다. 하지만 아는 것과 행동하는 것은 아주 큰 차이가 있다. 그 열매는 시간이 흐르면 우리의 눈에 보이게 된다.

첫째, 감사하며 살기

좋은 일이든 나쁜 일이든 감사할 줄 아는 사람은 인생이 술술 풀린다. 부모에게도 형제, 자매에게도 이웃, 직장동료와 상사, 그리고 우주에도 감사를 보내야 한다. 그리고 무엇보다도 자신을 위해 가장 열심히 뛰고 있는 나 자신에게도 감사해야 한다는 것을 잊지 말기를!

"세상에 정말로 성공한 사람이 적은 까닭은 이렇게 모든 일에 감사할 줄 아는 사람이 드물기 때문입니다."

– 미야모토 마유미, 《돈을 부르는 말버릇》

성공적인 인생이나 행복한 삶을 사는 사람들의 공통점이 감사하라고 한다. 내 곁에 있는 모든 것에 감사하는 삶을 살아야 한다. 감사하는 생활을 하게 되면 세상의 모든 것이 특별하게 느껴진다.

감사는 우리를 유쾌하고 긍정적인 생각과 행동을 하게 해준다. 삶에 대하여 긍정적인 태도는 스트레스에 대한 방패와 같다. 같은 상황에서 감사할 때와 짜증과 불평을 할 때 내가 삶을 대하는 태도가 달라진다.

짜증과 불평은 나를 향하거나 다른 사람들을 미워하고 원망하게 한다. 나의 이런 짜증과 불평은 나도 모르게 나에게 스며들어 나를 병들게 한다. 짜증과 불평이 많은 사람을 만나면 우리는 불편감을 느끼게 된다.

감사는 우리가 한 일에 대한 스트레스를 줄여준다. 지나간 일에 대한 후회보다 다음엔 더 잘해야겠다는 반성을 하게 해준다. 이러한 태도는 모든 일에 대해 적극적이고 즐거운 삶을 살게 해주는 것이다. 이러한 적극적이고 즐거운 삶은 우리에게 건강이라는 선물을 준다.

나이 오십에 간호대학을 졸업하고 직장에 다닐 수 있는 힘도 감사함의 힘이다. 지치고 힘들어 주저앉고 싶을 때마다 나를 일으켜 주는 힘이다.

나는 제일 먼저 나에게 감사하다고 말을 한다.

"○○야, 죽지 않고 살아줘서 정말 고마워. 잘 살아줘서 고마워. 오늘도 잘했어."

이런 말을 나에게 하고 나면 희망이 생기고 힘이 솟는다. 쑥스러워서 다른 사람들에게 감사함을 표현하지 못한다면 나에게 먼저 감사의 말을 해보자. 처음에 어색하고 낯간지럽다는 생각이 든다. 하지만 기분은 아주 좋아지게 된다. 이런 행동은 시간이 지나면 자연스럽게 주변 사람들에게 감사를 하는 사람으로 바뀌게 된다.

둘째, 비교하지 않으며 살기

"인생은 멀리 보면 희극 가까이 보면 비극이다."

– 찰리 채플린(Charles Chaplin)

상대방과 나를 비교하는 삶은 우리의 마음을 지옥으로 만든다. 내가 가진 수많은 장점보다 단 하나의 단점을 가지고 남들과 비교하는 모습을 너무 많이 봐왔다. 참으로 안타까웠다. 나는 그 사람이 충분히 많이 가졌다고 생각했다. 하지만 상대방은 열 개 중에서 가진 아홉 개보다 부족한 하나에 힘들어했다.

비교는 내가 잘하는 것보다 잘하지 못하는 것에 집중하기 시작한다. 다른 사람들은 모든 것을 쉽게 하는 것처럼 보이기 시작한다. 자괴감에 우울과 눈물의 밤을 지새우기 시작한다. 이러한 감정이 오래 지속되면 상대방을 향한 시기, 질투가 시작된다. 시기, 질투는 나보다 우월하거나 낮은 사람에게는 하지 않는다. 상대방이 나하고 비슷하다고 생각하는 사람들에 대하여 더 심하게 질투심이 생긴다. 아니면 나보다 못한 존재라고 여겼던 사람이 나보다 더 잘할 때이다. 이런 경우는 TV 드라마에서 많이 봤을 것이다. 시기와 질투심은 결국에는 자기 자신을 가장 비참하게 만들어버린다.

우리는 비교가 아니라 상대방이 이룬 업적이나 장점을 부러워하는 것이다. 부러움은 비교하고 자기를 괴롭히는 것이 아니라 '나도 저렇게 되고 싶다' 다. 그 사람을 장점을 보면서 나에게 부족한 부분을 찾아가는 것이다. 부러워하는 마음은 날마다 우리를 성장하게 만든다. 나만의 부러움의 대상을 만들어서 의식적 연습을 하다 보면 어느새 나도 바뀌게 된다.

비교는 나의 존재에 대한 것이 아니라 내 행동에 중심을 두어야 한다. 어제의 내 모습과 오늘의 나는 어떠한지 바라보는 것이다. 내가 날마다 성장을 하고 있는가? 아닌가? 비교하면 된다.

셋째, 늘 배우며 살기

"내가 이미 알고 있는 지식이 차지하는 부분을 원이라고 한다면, 원 밖은 아직 내가 모르는 부분이라고 볼 수 있습니다. 원이 커지면 커질수록 원의 둘레도 점점 늘어나 접촉하게 되는 미지의 부분도 많아지게 됩니다. 지금 제 지식의 원은 여러분들의 것보다 커서, 제가 접촉하고 있는 미지의 부분도 더 많아지게 됩니다. 즉, 여러분보다 모른 것에 대한 갈증이 더 크다고 할 수 있겠지요. 상황이 이러한데 어찌 게으름을 피울 수 있겠습니까?"

– 아인슈타인

우리는 아인슈타인이 모든 것을 가졌다고 생각한다. 하지만 그는 우리 보다 모르는 것에 대한 갈증이 더 많아서 배움을 멈출 수가 없다고 한다. 예전에 나는 이런 말이나 행동을 하는 사람들을 보면 이해가 되지 않았고 욕심쟁이라고 생각했다. 하지만 내가 책을 읽고 배움을 시작한 이후로 이해가 되었다. 하나를 배우면 두 개가 알고 싶어진다. 끊임없이 배우고 싶다는 욕구가 올라오는 것이었다.

성공한 사람들이 하나의 성공을 이루고 나면 멈추지 않는다. 또 다른 성공을 이루기 위해 계획을 세운다. 그들은 성공의 결과에 마음을 두는 것이 아니라 성공하기 위해 노력하는 자신의 모습에 신경을 썼다. 성공한 자신의 모습에 더 큰 기쁨을 느끼는 사람들이었다. 이러한 행동들이 그들이 계속 성공한 이유고, 배움을 멈추지 않는 이유다.

넷째, 건강하게 살기

건강의 중요하다는 것은 누구나 다 알고 있다. 건강은 육체의 건강뿐 아니라 정신적 건강도 포함된다. 하지만 건강한 삶을 유지하기 위해 애쓰는 사람들은 드물다. 건강을 잃는 순간 우리가 쌓아온 모든 것을 한순간에 잃어버린다.

육체가 건강한 사람은 어떤 어려움도 뚫고 나갈 힘이 있는 것이다. '마음에는 원이로되 육신이 약해서'라는 성경 구절 있다. 이 구절을 생각할 때 아무리 우리가 간절히 원한다고 해도 우리의 몸이 연약하다면 그것을 이루는 힘이 부족해지는 것이다. 소위 말하는 시작은 좋으나 뒷심이 빠지게 된다.

성공한 사람들일수록 더 자신의 건강관리에 신경을 쓰며 살고 있다. 건강을 잃으면 자신이 하던 일을 더 할 수 없다는 것을 알고 있다. 누구보다 자신을 사랑하고 아끼며 사는 사람들이다.

아무 생각 없이 열심히 살지 말고 성공한 사람들처럼 살아야 한다. 이러한 삶을 살면 우리는 특별한 사람이 된다. 특별한 사람으로 사는 것은 어렵지 않다. 다만 행동을 하느냐, 하지 않느냐의 차이일 뿐이다. 당신은 이미 특별한 사람이다. 특별한 사람이 하는 생각과 행동을 하면서 살아가자.

독서는 최고의 스펙이다

스펙은 영어로 'Specification'의 준말이다. 직장을 구하는 사람들 사이에서, 학력, 학점, 토익 점수 따위를 합한 것 등 서류상의 기록 중 업적에 해당하는 것을 이르는 말이다. 이것은 구직자가 자신의 능력을 증명하는 객관적인 자료다. 대부분 대기업들은 이를 바탕으로 입사 지원자를 평가한다. 스펙이라는 뜻을 위키피디아에서 찾아본 결과이다. 스펙이라는 단어는 안 들어 본 사람이 없을 정도이다. 취업을 준비하는 사람들은 내가 지원하는 기업에 맞는 스펙을 쌓기 위해 바쁘다.

스펙이라는 말은 나와 어울리지 않는 말로 생각되었다. 쉰의 나이에 대기업이나 대학병원에 취업을 할 것은 아니었기 때문이다. 물론 대학병원에서 나의 입사지원서는 받아준다. 입사지원서에는 나이 제한도 없고 온라인으로 접수하면 되는 것이다.

학교다니는 동안에 스펙에 대한 걱정, 불안은 없었다. 다른 것은 없어도 딱 하나는 필수적으로 통과해야 하는 것은 한 가지뿐이다. 바로 간호사 국가고시 합격이었다. 다른 스펙을 아무리 갖추어도 간호사 국가고시에서 불합격은 모든 것을 소용없게 만드는 것이다.

과 동기들이 가진 젊음과 더 나은 대학병원에 취업하기 위해 스펙을 준비하는 모습이 부러웠다. 하지만 나는 내가 가지지 못한 것에 대하여 생각하지 않기로 하였다. 내가 할 수 없는 것에는 신경쓰지 않기로 했다. 학교 다니는 동안 할 수 있는 것은 책 읽기 밖에 없었다. 내 자신을 위한 스펙을 쌓기 위해 한 일이 독서이다.

책 읽기가 어떻게 나를 위한 스펙이 된 것일까? 내가 가진 스펙을 남들에게 알리고 싶은 생각은 전혀 하지 않고 시작한 것이다. 하지만 삶의 후반전이 시작되는 오십에 선택한 독서스펙이 쌓기는 탁월한 선택이었다.

내가 가진 스펙을 가지고 '나'라는 기업에 취업을 한다는 생각을 했다. '나'라는 기업의 최고 경영자라면 어떤 사람을 뽑을 것인가를 생각한 것이다. 나라면 이런 사람을 우리 기업에 채용하고 싶다는 마인드로 책을 읽었다. 다른 사람이 아닌 자신이 고용주인 동시에 직원인 셈이었다.

기업에 취업을 하면 성실하게 일을 해야 한다. 기업에 일을 하는 동안에는 기업의 발전을 위해 노력을 해야 한다. 회사 생활에 뒤처지지 않도록 항상 배우고 익혀야 한다.

내가 무엇을 하던 경영자라면 어떻게 할까라는 생각을 먼저 해본다. 이런 마인드로 가지게 되니 무슨 일을 하든지 망설이지 않고 적극적이고 열정적인 사람이 되었다.

독서가 나에게 스펙이 된 이유는 다음과 같다.

첫째, 책 읽기는 나를 변화시킨다.

나를 변화시키려는 사람은 많았다. 그들은 나에게 조언과 충고를 많이 해주었다. 나도 그들의 이야기를 듣고 변화되어 보려고 했지만 마음뿐이었다. 그 중에서 나의 말투였다. 말투가 다른 사람들의 마음을 찌르는 가시처럼 말을 한다는 것이었다. 이 말을 듣고 고치려고 하였지만 고쳐지지 않았다.

"인생은 그 사람의 말 그 자체이다. 말에서 그 사람의 인생이 태어나는 법이다."

《돈을 부르는 말버릇》에 나오는 말이다. 이 책을 읽으면서 내가 내 뱉는 말투에 대하여 생각하게 된 것이다. 내가 다른 사람의 마음에 상처를 주는 말을 하는 것을 깨닫게 되었다. 직접적으로 말을 하지 않고 말 속에 가시를 넣어둔 것이었다. 이런 나의 말버릇에 대하여 생각하고 말을 하는 중간에도 내 말의 의도를 한 번씩 살핀다.

지인 중에 자신이 책을 읽고 변화된 것에 대한 것들 중 하나를 내게 들려주었다.

'어린아이가 아이스크림을 좋아한다고 물고기에게 아이스크림을 주어봤자. 물고기를 낚을 수는 없다.' 이 글을 읽고 난 이후부터는 지인은 상대방이 원하는 행동이나 듣고 싶은 말을 해준다고 한다. 그 전에는 자신이 좋아하는 행동이나 선물을 주면 좋아한다고 생각했다. 이제는 내가 좋아하는 것이 아니라 상대방이 원하는 행동이나 선물을 준다고 한다. 이렇게 함으로써 인간관계가 아주 좋아졌다고 한다.

둘째, 독서는 절대 희망을 가지게 해준다.

책을 읽으면 수많은 사람들의 눈물과 땀방울이 들어있다. 그 사람들이 살아온 세월 속에서 느낀 절망감과 좌절감을 만날 수 있다. 그들이 역경과 어려움 속에서 어떻게 일어섰는가에 대한 스토리가 담겨있다. 이러한 책을 읽으면서 우리는 희망을 보게 된다. '나도 하면 된다. 나도 할 수 있구나!' 이런 생각을 가지게 된다. 이런 마음들은 넘어진 우리들을 다시 일으켜 세워준다. 잃어버린 꿈을 찾게 되고 그 꿈을 향해 달려가는 사람이 되는 것이다.

책을 읽기 이전에는 쉽게 포기했던 일들을 이제는 끝까지 해내는 것이다. 가는 길을 멈추고 망설일 때마다 책이 조금만 더 힘내라고 하는 것이다.

《1만 시간의 법칙의 재발견》에서 '제대로 된 방법으로 노력할 때 타고난 재능도 이길 수 있다'라는 구절이 있다. 이 구절을 읽고 내가 그동안 노력했는데 힘들어 포기하고 절망했던 일들에 대해 생각을 하게 되었다. 제대로 된 방법으로 배우지 않았기 때문에 힘든 것이었다. 제대로 된 멘토나 코치를 만난다면 나도 눈부신 성장을 할 수 있는 사람이 될 수 있다는 말이다.

관상어 중에 '코이'라는 물고기가 있다. 이 물고기는 자라는 환경에 따라 크기가 달라진다는 것이다. 작은 어항에 넣어두면 어항에서 살기 좋은 5~8cm 크기다. 연못이나 수족관에서 키우면 15~25cm까지 자란다. 하지만 강물에 방류하면 90~120cm까지 성장하는 물고기이다. 같은 물고기이지만 주변 환경에 따라 생각의 크기에 따라 엄청난 크기의 변화가 있다는 것이다. 이를 두고 사람들은 '코이의 법칙'이라고 부른다.

우리가 가지는 희망이나 꿈의 크기에 따라 성장할 수 있다. 내가 가진 꿈의 크기는 과연 얼마만큼의 크기일까? 꿈을 꾸는 것은 공짜이다. '코이' 물고기처럼 최대한 할 수 있는 한 최대 크기의 꿈을 가져 보는 것이다. 우리가 꾸는 꿈의 크기만큼 우리의 꿈은 이루어진다.

책 읽기를 하게 되면서 나는 절망보다 희망에 가슴에 품고 사는 사람이 되었다. 어느 누구를 만나도 희망과 꿈을 이야기한다. 책은 희망이 없는 삶에 희망을 불어넣어주는 산소 호흡기다. 우리가 비록 지금은 가진 것이 없고 암울한 현실이 눈에 보일 때도 있다. 희망은 우리에게 그것을 쳐다보지도 못하게 한다. 땅바닥을 향해 고개 숙인 내 얼굴을 들게 하고 찬란하게 빛나는 나의 미래를 바라보고 걸으라고 한다. 이러한 밝은 미래를 꿈꾸고 그것을 이룰 수 있도록 하는 것이 책이다.

"변화에서 가장 힘든 것은 새로운 것을 생각해내는 것이 아니라 이전에 가지고 있던 틀에서 벗어나는 것이다."

– 존 메이너드 케인즈(John Maynard Keynes)

책은 우리를 변화시키고 우리가 더 나은 삶을 살도록 해준다는 것이다. 우리가 최고의 길을 갈 수 있도록 안내 해주는 것이다. 책을 읽고 변화된 사람들의 이야기는 많이 수없이 많이 들었다. 무스펙, 무자본의 사람들이 책으로 인생을 바꾼 이야기들은 많은 사람들에게 감동과 희망을 주고 있다.

내가 가장 힘들고 어려운 순간 손을 내밀어준 것이 책이었다. 나를 위로하고 앞으로 나아가는 힘을 준다. 나를 위한 스펙이 책 읽기보다 더 좋은 것은 없다는 것이다.

이제부터 나 자신을 위한 스펙 쌓기에 도전해보는 것이다. 앞으로의 인생은 100세 시대다. 긴 인생을 지혜롭게 살기 위해 책을 읽고 독서 스펙을 만들어가야 한다.

책 읽기는 당신을 최고의 스펙을 가진 사람으로 만들어줄 수 있을 것이다.

삶을 이끄는 것은 나 자신이다

우리가 무엇인가를 하기 위해서 나아가려 할 때 나의 발목을 잡는 것은 두려움이다. 그 두려움에 떨고 있는 나의 모습이 나를 앞으로 나아가지 못하고 주저하게 한다. 무엇을 새롭게 생각할 때 우리는 왜 두려움을 느끼는 것일까? 내가 하려던 일을 시작하지 않았는데 말이다.

"우리는 성공보다 실패를 통해 더 많은 것을 배운다. 하지 말아야 할 것을 발견함으로써 해야 할 것을 발견하게 된다."

– 밀턴(John Milton)

우리가 무엇을 시작하기도 전에 두려워하는 이유는 실패에 대한 두려움이다. 이 두려움이 내가 원하는 것을 하지 못하게 한다.

아무것도 하지 않고 일어나지 않은 일에 대해 걱정근심을 하기 시작하는 것이다. 일어나지 않은 일들이 마치 내게 일어날 것 같은 기분에 휩싸이게 되는 것이다.

내가 간호대학에 가려고 결정했을 때 망설인 것도 온갖 걱정들 때문이었다. 아직 일어나지 않은 일들이 나를 붙잡은 것이었다. 그때 언니가 내게 해준 말이었다.

"다른 생각 전혀 하지 말고 간호대학에 진학한다는 생각만 해. 걱정은 붙들어 매고, 일단 저지르고 보는 거야, 그러면 다 길이 생긴다. 나쁜 일만 안 하면 되는 거야. 뜻이 있는 곳에 길이 생긴다."

이 말은 나에게 힘을 큰 힘을 주는 말이었다. 걱정 근심에 휩싸여 앞으로 나가지도 뒤로 가지도 못하는 나에게 앞으로 나가는 힘을 주었다.

학교를 다니는 동안 내가 걱정했던 일들은 전혀 일어나지 않았다. 내가 걱정을 했던 많은 걱정들은 등록금, 생활비, 공부, 병원실습, 간호사면허증 취득 등이었다. 그 어떤 것도 내가 해결할 수가 없을 것 같았다. 간호대학을 졸업한 지금은 그 모든 것이 해결됐다. 내가 걱정한 일들은 하나도 일어나지 않았다. 모든 걱정은 나의 머릿속에서만 일어난 일이었다.

"주저앉아서 주변 물건들이 당신에게 오기를 기다리지 마라.

당신이 원하는 것을 위해 싸우고, 스스로 책임을 져라."

– 미셸 타누스

어떤 문제가 생기면 머리를 싸매고 집안에만 갇혀 있어서는 안 된다. 내가 걱정한 일은 대부분은 일어나지 않았다는 것이 놀라웠다. 내가 주저앉아 걱정하는 시간에 움직이는 것이다. 여러 가지 걱정과 근심이 몰려올 때는 몸을 움직여 산책하거나 운동을 한다. 몸을 움직이고 난 후에 뒤돌아보면 내가 괜한 생각을 했다는 것을 알게 된다.

방구석에 주저앉아 머리를 싸매고 있지 말고 움직여야 한다. 움직이다 보면 내가 고민한 문제들을 해결할 수 있는 해결책이 나오기 마련이다.

나의 삶은 대학을 다니기 전과 대학을 다닌 이후로 나눌 수 있다. 내가 가지고 싶었던 간호사면허증을 취득했느냐 안 했느냐의 구분이 아니었다. 나의 인생을 전후로 나누는 기준은 내가 책을 읽었느냐 읽지 않았느냐다.

책을 읽기 전에는 머리로만 생각한 것들이 책을 읽고 난 후에는 움직이는 사람이 된 것이다. 그동안 내 삶을 움직인 것은 자신이 아니라 타인이었다. 내 삶을 타인에게 맡긴 채 살다보니 항상 갑갑한 마음이 들었다. 내가 원하는 것은 이것이 아니라는 생각을 하면서도 다람쥐 쳇바퀴 도는 삶을 살았다. 내 인생을 내가 어떻게 이끌며 살아야 하는지를 알지 못했던 것이다. 항상 걱정만 했지 어떤 문제를 해결하기 위한 행동을 하지 않았다. 걱정근심을 나 혼자 끌어안고 살았다.

내가 가진 문제를 누군가가 해결해주기를 원했다. 나에게 일어난 문제들은 내 탓이 아니라는 생각을 하며 살아왔다. 남에게 맡긴 채 살아가는 삶은 결국 내 인생의 시간을 허비하게 만든 결과를 초래했다. 내가 가진 시간, 돈, 젊음을 모두 허비하고 나서야 나를 찾을 수 있게 됐다.

나의 과거, 현재, 미래는 모두 나의 책임이었다. 내가 나를 이끌지 못한 것이었다. 책읽기를 하면서 자신에 대해 반성하고 나를 돌아보게 되었다.

나의 삶을 결정하고 선택한 것에 대하여 후회나 원망이 사라졌다. 현재의 내 모습은 과거의 내가 선택한 것이다. 내 삶이 다른 사람들 때문에 망가졌다는 원망의 말을 더 이상하지 않게 되었다. 무엇인가를 선택을 하기 전 나의 성장에 도움이 되는 말이나 나에게 힘을 주고 지지해주는 말에만 귀를 기울였다. 부정적이거나 나의 기운을 빼는 말들은 모두 차단했다. 나에게 부정적이거나 기운을 빼는 말들은 하는 사람들의 말은 나를 움츠리게 하고 그들을 의지하게 만들었다. 나의 삶을 위해서 제일 먼저 한 일은 이러한 것을 차단한 것이었다.

그동안 나는 부정적이거나 기운을 빼는 말들을 이제는 더는 듣고 싶지 않았다. 나를 걷게 하고 뛰게 하는 말들만 듣기로 했다.

내가 보고 듣고 하는 것에 긍정적이고 힘이 되는 것만 나에게 입력을 시켰다. 나에게 수 십 년 동안 심은 부정적인 생각, 단어들을 빼어내기 위한 것이 책 읽기였다. 책을 한 권 읽는다고 내 무의식에 심어진 것들이 벗어지지 않을 것이라는 생각을 했다. 나의 말과 행동이 변화될 수 있도록 나에게 의식적으로 긍정적인 것들만 입력한 것이다.

나의 삶을 내가 주도적으로 이끌지 못하게 하는 것들을 날려버리는 방법들은 이와 같다.

첫째, 걱정이나 스트레스로 인해 잠 못 드는 날에는 일기를 썼다.

부정적인 감정이 드는 날은 일기를 썼다. 일기를 쓰고 나면 쓰레기로 가득 채워진 내 마음이 정리되기 시작했다. 깨끗해진 마음은 괜한 감정의 낭비를 하지 않게 만들어주었다. 마음속에서 요동치던 불안과 짜증이 사라지고 편안한 마음을 가지게 되었다. 내가 진짜 원하고 하고 싶은 것이 무엇인지 내가 해야 하는 것이 무엇인지가 보이는 것이었다.

내 감정을 혼자 날뛰게 버려두는 것이 아니라 내가 나의 감정을 다스리는 사람이 되었다.

둘째, 주변 사람들에게 걱정거리를 털어놓는다.

주위의 믿을 만한 사람들에게 나의 걱정과 감정들을 솔직하게 털어놓았다. 이야기하는 동안 나의 부정적인 감정들이 사라지고 마음이 편해졌다. 내가 처한 상황에 대한 객관적인 판단을 내리지 못하면 그들의 의견을 통해 나의 문제의 해답을 찾았다. 다른 사람들의 뒤에 숨어서 문제가 지나가기를 기다리지 않았다. 이제는 문제를 내가 해결하기 위해 내가 직접 나서기 시작한 것이다.

셋째, 일단 해보자.

내가 나의 삶을 제대로 이끌지 못한 이유는 해보지 않았기 때문이다. 학교 과제를 할 경우 어디서부터 시작해야 될지 방향을 모를 때 계속 걱정만 하고 있다. 이럴 경우에는 고민하는 시간에 과제에 필요한 자료를 찾는 것이 훨씬 더 도움이 많이 되었다. 무엇이든 일단 부딪쳐 보면 해결되지 않은 것이 없었다.

내가 원하고 하고 싶은 것은 생각만 하지 말고 그냥 하자. 남들 앞에 나서서 이것저것을 한다는 것은 부끄러웠다. 일단 해보면 이런 부끄러움보다 내가 행동으로 했을 때의 기쁨이 더 크다는 것을 알게 되었다.

완벽하지 않아도 괜찮았다. 완벽함보다는 이것을 어떻게 재미있게 할까를 생각한 것이다.

학교 활동 중 역할극은 지금도 기억에 남는다. 역할극에서 어린이, 할머니, 시어머니, 환자 역할을 나눠 맡고 음악에 맞춰 율동하기 등을 했다. 역할극을 위해 과 동기들과 대본을 짜고 율동을 구상하는 과정들이 완벽하지 않아도 굉장히 즐거웠다.

넷째, 할 수 있다. 쉬운 것이다.

일을 시작하기 전에 나에게 하는 말은 '할 수 있다. 쉽다'라고 생각하는 것이었다. 어렵다고 생각하면 자꾸만 머뭇거리고 걱정만 하게 된다. '할 수 있다. 쉽다'는 생각은 내가 바로 행동할 수 있도록 만들어주는 힘이었다.

나의 삶을 내가 잘 이끌어 갈 수 있게 것이 자신이라는 사실을 내 나이 쉰에 깨달았다. 책을 읽지 않았다면 깨닫지 못했을 것들이다. 더는 나의 삶을 타인에게 맡기지 말자. 내 삶을 이끄는 것은 오직 나 자신뿐이다.

죽기 전까지 도전할 101가지 목록을 적어보라

버킷리스트하면 2011년에 방영된 드라마 〈여인의 향기〉를 기억한다. 드라마에 나오는 장면 중 기억에 남는 것은 버킷리스트였다. 그 드라마의 주인공이나 이야기에 관한 관심보다 버킷리스트에 대한 관심이 더 컸다.

드라마 주인공 배우 김선아가 암에 걸려서 시한부를 선고받는다. 회사를 그만두고 20개의 버킷리스트를 작성하고 그것을 하나씩 이루어 나가는 장면이 인상적이었다. 죽기 전 자신의 인생에 있어서 꼭 이루고 싶은 것들을 적은 목록이었다. 버킷리스트라는 단어를 떠오를 때마다 나는 〈여인의 향기〉의 주인공이 떠오른다. 드라마 내용은 잘 떠오르지 않는다.

버킷리스트는 죽기 전에 꼭 해야 할 일이나 하고 싶은 일에 대하여 적은 리스트다. 중세시대에 자살할 때 목에 밧줄을 감고 양동이를 차버리는 행위에서 유래되었다고 한다.

대학교에 다니는 동안에도 버킷리스트 적기를 해보았다. 처음으로 적어보는 버킷리스트는 죽기 전에 적는다는 마음으로 리스트를 채워나가니 슬프게만 느껴졌다.

예전에 본 드라마 〈여인의 향기〉도 삼순이가 암에 걸려 죽기 전에 해보고 싶은 것들을 적는 모습을 봤기 때문이다. 이러한 영향 때문에 버킷리스트라고 생각하면 죽음이라는 단어가 떠올랐다. 버킷리스트라는 것에 대한 부정적인 생각들이 가지고 있었다. 다른 사람들은 버킷리스트를 꿈 지도라는 말을 사용한다. 내가 원하고 이루고 싶은 것들을 적은 목록이기 때문이다. 나도 버킷리스트라는 말을 들을 때는 내가 이루고 도전하고 싶은 생각이 들지 않았다. 버킷리스트 목록을 본다는 자체가 싫었다. 목록을 적기보다는 내가 해야 할 일 하고 싶은 일 정도만 적었다.

꿈 지도라는 말은 현재의 삶을 열심히 살고 있는 사람들이 내가 이루고 싶은 소망이나 목표들을 적은 것이었다. 꿈 지도라는 단어를 보니 나도 죽기 전에 도전할 목록을 적고 싶다는 생각이 들었다.

내가 죽기 전에 도전할 과제가 무엇이 있었는지 살펴보았다. 내 소망이 몇 개 되지 않는 것이었다. 내가 무엇인가를 엄청 많이 원하는 줄 알았는데 적고 보니 없었다. 너무 적어서 놀랐다. 처음에는 10개 미만이었다. 하지만 하나둘 적기 시작하자 내가 잊고 있었던 소망들이 늘어나는 것이었다. 내가 원하는 것을 순식간에 적고 보니 50가지가 넘었다. 적기 시작하자 마구 늘어난 나의 꿈 목록들이었다. 내가 도전하고 싶고 이루고 싶은 소망들을 모두 적고 보니 너무 많아서 다시 한 번 놀랐다.

내가 도전해서 이루고 싶은 목록을 적으면서 깨닫게 된 것은 다음과 같다.

첫째, 내가 좋아하는 일과 하고 싶은 일들이 무엇인지 구체적으로 알게 된다.

목록을 적기 전에는 막연하게 이런 것을 하고 싶다는 생각만 했다. 목록을 적으면서 내가 좋아하는 일과 하고 싶은 일이 무엇인지 알게 되었다. 내가 어떤 성향을 가진 사람이라는 것도 알 수 있었다. 종이에 적힌 목록을 보니 꼭 이루고 싶다는 생각도 들었다.

둘째, 앞으로 어떻게 살아야 할지를 알려준다.

꿈 지도에 적힌 목록을 보면서 내가 먼저 해야 할 일, 집중해야 할 일에 대한, 천천히 해도 되는 일에 대한 순서가 정해졌다. 앞으로 내가 어떻게 살아야 할지에 대한 방향성도 정해졌다. 구체적인 내 삶에 대한 방향과 태도가 정해짐으로 인해 더 빠르게 원하는 목표에 이룰 수 있었다. 내가 가진 에너지를 낭비하지 않음에 따라 조금 더 많은 일을 할 수 있는 여유가 생긴 것이다.

셋째, 꿈이 이루어지는 것을 보면서 행복해진다.

내가 적은 꿈들을 구체적으로 적으면 빠르게 이루어진다. 내가 적은 꿈들이 하나씩 이루어지는 것을 보면서 작은 성취감을 느끼게 된다. 이러한 성취감들이 모이면 삶의 만족도도 높아지고 행복감을 느낄 수 있다. 이런 행복감은 우리가 살아가는 원동력이 된다.

내가 도전하고 싶은 목록을 어떻게 적을 것인가?

첫째, 평소에 하고 일들을 쭉 적는다.

내가 하고 싶은 일들에 대하여 특별한 양식이 없이 적었다. 하고 싶은 일들을 적고 난 후 그것을 이루기 위해 내가 어떤 도전을 할 것인가를 적은 것이다. 이렇게 적어보니 내가 도전하고 싶은 목록들이 101가지로 늘어나게 된 것이다.

도전하고 싶은 것들은 실현 가능한 것만 있는 것이 아니다. 실현가능한 목표가 아닌 것처럼 보여도 일단 적어본다. 언제 이루어질지 모르는 일이다.

처음에는 아무 부담감 없이 적는 것이 중요하다. 도전하고 싶은 목록은 내가 이루기 원하는 것이다. 다른 사람들에게 보여주기 위한 일은 아니다. 마음이 편안한 상태에서 도전하고 싶은 일들을 적으면 잘 적어진다. 마음이 편하고 여유가 있으면 내가 무엇을 원하는지 내 마음을 잘 들여다볼 수 있다.

둘째, 우선 순위를 정한다.

내가 적은 목록을 보면서 우선순위를 정한다. 무엇을 먼저 할 것인지 정한다. 때로는 상황에 따라 순서가 바뀌기도 한다. 하지만 우선순위를 정해놓지 않고 생활하다 보면 뒤죽박죽이 된다. 우선순위를 정해놓는 것은 중요한 일이다.

셋째, 구체적인 시기, 내용 등을 설정한다.

큰 목표를 정하고 그 밑에 작은 계획들은 구체적으로 적는다. 추상적인 계획보다는 숫자로 표현하는 것도 좋은 방법이다. 다이어트하기 보다는 몇 kg을 언제까지 감량할 것인지를 적는 것이다. 우리가 적은 버킷리스트를 잘 보는 곳에 붙여두고 자주 보는 것이다. 틈날 때 마다 들여다보고 꿈을 이룬 나의 모습을 생각하는 것이다.

해마다 연초에 내가 하고 싶은 일들에 대하여 목록을 적는다. 시간이 지날수록 내가 도전하고 싶은 일은 생각하지도 않게 된다. 우리가 원하는 것들을 가지기 위한 일들을 잘 실천하지 못하는 이유는 너무나 큰 목표만 바라보았기 때문이다. 목표들 잘게 쪼개어 목표를 이룰 수 있는 구체적인 방법들을 적지 않았기 때문이다.

"꿈을 날짜와 함께 적어 놓으면 목표가 되고, 목표를 잘게 나누

면 계획이 되며, 그 계획을 실행에 옮기면 꿈이 실현된다."

- 그레 그레이드(Greg Reid)

내가 원하는 것을 실천하는 'SMART' 목표 설정 기법이 있다.

S(Specific) 명확하고 구체적인 목표 설정, M(Measurable) 측정 가능한 목표 설정, A(Acton-oriented) 실행지향적인 목표 설정, R(Realistic) 현실적으로 달성 가능한 목표, T(Time-limited) 목표 달성을 위한 기간 설정이다. 우리가 도전하는 것을 이루기 위해서 가장 먼저 할 일은 일단 무엇이든 종이에 적는 것이다. 종이에 적는 순간 꿈은 살아 있는 목표와 계획이 되어 실행하는 사람으로 변하게 된다.

내가 죽기 전에 도전하고 싶은 것 중 하나가 내 이름으로 된 책을 쓰는 것이었다. 책을 읽으면서 책을 쓰고 싶다는 생각을 품고 도전 목록에 적어놓은 것이었다. 2년 후에 도전할 목록이었지만 훨씬 앞당겨지게 되었다.

요즘은 만나는 사람들에게 하고 싶은 것이 있다면 일단 적기부터 시작하라고 말하고 있다. 이루고 싶은 도전하고 싶은 목표들을 적는다는 것은 내 마음에 생기는 것이다. 마음에 있는 소망들을 손으로 쓴다. 손으로 쓰는 것은 우리의 몸에 새기는 것과 같다. 몸이 그 목표를 기억하는 것이다. 손을 쓴 목표를 소리 내어 읽어본다. 눈이 아닌 내 입술을 통해 나온 목표들은 내 귀를 통해 나에게 들려주는 것이다. 내 귀에 들려지는 소리는 내 머리에 새겨지게 된다. 그리고 나의 가슴이 뛴다. 나도 이런 목표를 이룰 수 있다는 생각이 드는 것이다. 마지막으로 내 눈에 잘 보이는 곳에 붙여두고 잊어버리지 않도록 나에게 계속 자극을 주는 것이다.

적는 순간 당신의 꿈은 이루어진다.

독서가의 삶에서 이제는 작가의 삶으로

책 읽기를 해보면 나도 글을 써보고 싶다는 생각이 불쑥불쑥 올라온다. 처음에는 내가 무슨 글을 쓰냐는 생각이 많이 들었다. 글은 특별한 사람들만이 쓸 수 있다고 생각한 것이다. 글쓰기 대회에 나가서 상도 받고 나름의 글쓰기 능력이 있는 사람들만이 할 수 있는 것이라고 여겼다. 책은 나에게 글쓰기를 하라고 이야기를 해주었다.

책 읽기의 완성은 작가가 되어 글을 쓰는 것이라는 것이다.

"쓰기 연습을 위해 우리는 삶을 버텨낼 힘을 얻고, 경험한 것에 대해 자신감을 갖게 되며, 자기가 가치 있는 삶을 살고 있다는 믿음을 키운다."

– 나탈리 골드버그(Natalie Goldberg)

글은 어떻게 써야 할까? 글을 쓸 때는 어떤 마음가짐으로 글을 써야 하는지 질문을 해본다. 글을 쓸 때는 경건한 마음으로 글을 써야 할 것 같은 마음이 들었다. 함부로 글을 쓰면 안 될 것 같은 생각에 사로잡히기도 했다.

우리가 글을 쓰지 못하는 이유는 다음과 같다.

첫째, 글을 쓰기 위한 재료가 부족하다.

우리가 친구나 지인을 만나면 많은 이야기를 나누게 된다. 친한 사이의 사람들은 서로 모든 것을 알고 있기 때문에 더는 할 말이 없을 것 같다. 하지만 막상 만나 이야기를 나눠보면 몇 시간이 금방 지나간다. 만나서 특별한 이야기를 나눈 것도 아니다. 끊임없이 이야기의 소재가 생겨난다. 글쓰기도 이와 같은 것이다. 우리가 써야 할 글쓰기의 소재가 없다는 생각에 글쓰기를 하지 않는다. 희한한 것은 글쓰기를 시작하면 글을 쓸 소재가 생겨난다.

둘째, 주변에 관한 관심이 부족해서다.

우리가 글을 쓰기 위해서는 주변을 둘러보면 내가 쓸 주제들이 아주 많이 있다. 일상의 삶도 우리에게는 글을 쓸 수 있는 소재인 것이다. 우리가 잠시만 주의를 기울이고 생각해보면 내가 가진 생각을 정리하고 싶다는 마음이 생겨난다. 글쓰기는 내 생각을 정리하는 것도 글쓰기다. 모든 것이 시작은 짧은 글 하나로 시작된다.

셋째, 글쓰기의 형식에 얽매이기 때문이다.

우리는 글쓰기를 어릴 적부터 공부로 배웠다. 학교 수업을 시간에 배운 글쓰기는 학점을 따기 위한 공부였다. 어떻게 글을 쓸 것인가를 학점을 얻기 위해 배우니 글을 쓴다는 것이 어렵게만 느껴졌다. 나도 학교 수업시간에 배운 글쓰기는 생각만 해도 어렵고 이해가 되지 않는다. 글쓰기는 형식에 얽매이지 않고 편안한 마음으로 쓰는 것이다.

글쓰기가 처음인 사람이 전문가처럼 글을 쓴다는 것은 이제 발걸음을 떼는 아이에게 뛰라고 하는 것과 같다. 처음에 글을 쓸 때는 일상의 글부터 천천히 시작하면 된다.

넷째, 지식의 부족이다.

글을 쓰기 위해서는 어느 정도의 지식이 필요하다. 자신이 쓰려는 글에 대한 지식이 부족하면 글을 쓰기가 힘들다. 내가 잘 아는 분야에 대해서는 글은 쉽게 쓸 수가 있다. 하지만 내가 잘 알지 못하는 분야는 내가 가진 지식이 없어서 글을 쓸 수가 없다.

다섯째, 자신감의 부족이다.

모든 조건을 다 갖춰도 글을 쓰지 못하는 이유는 자신감 부족이다. 글을 쓰는 대한 두려움과 다른 사람들이 내 글을 읽는다는 생각에 자신감이 떨어진다. 나도 처음에 글을 쓰려고 할 때 이런 마음이 들었다. 누군가 내가 쓴 글을 본다는 것이 부끄러웠다. 글을 제대로 쓰고 있는가라는 생각을 하기도 했다. 일단 자신감을 가지고 쓰기 시작하는 것이 중요하다. 너무 완벽하게 하려고 하면 자신감을 잃을 수도 있다. 글을 쓰다 보니 부끄러움은 어디로 사라지고 어떻게 쓸 것인가에 대해 고민하는 나를 발견하게 된다.

우리가 글을 써야 하는 이유를 네 가지로 정리해봤다.

첫째, 전문가가 되기 위해서다.

글을 쓰기 전에는 아무도 알아주지 않는 평범한 사람이다. 내 이름으로 된 책을 쓰게 되면 그 분야의 전문가가 되는 것이다. 내가 한 권의 책을 쓰기 위해 관련된 분야의 책을 수십 권을 읽어야 한다. 글을 쓰기 위한 관련된 자료도 수집한다. 이렇게 함으로써 우리는 남들보다 더 많이 깊이 알게 되어 그 분야의 전문가가 되는 것이다.

"디지털시대가 발전할수록 글을 쓰는 사람이 기회를 얻게 될 것이다. 오늘날 큰 성공을 거둔 사람들 모두는 말하기와 글쓰기에 탁월한 실력을 갖추고 있음을 우리는 어렵잖게 발견한다. 글을 잘 쓰는 사람이 미래를 얻게 될 것이다."

– 매트 뮬렌웨그(Matt Mullenweg), *《타이탄의 도구들》*

둘째, 책을 내 것으로 만들기 위해서다.

책을 읽고 난 후에 책에서 얻은 지혜와 지식을 내 것으로 만들기 위해 글을 써야 한다. 책만 읽고 덮어버리게 되면 내가 얻은 물고기들을 다시 바다로 돌려보내는 것과 같다. 내가 필요할 때 다시 물고기를 잡아야 하는 번거로움이 있다. 내가 쓰는 글의 바다에 물고기가 뛰어놀게 해야 한다.

"어떤 주제에 대한 지식을 정리하기 위해서는 먼저 책을 읽고 관련 분야의 전문가를 만나고 생각을 충분히 하는 과정이 필요하다. 여기에 한 가지를 더한다면, 그것이 글쓰기다."

– 공병호, 《부자의 생각 빈자의 생각》

셋째, 글을 쓰면 책이 나를 홍보하게 된다.

이 세상에 태어나서 내 이름을 아무도 모른다. 나를 낳아준 부모님과 내 가족만이 내 이름을 기억할 것이다. 그 외의 사람은 나라는 존재를 잊을 것이다.

내가 무엇을 하는 사람인지 어떻게 살아왔는지에 대해 아무도 알지 못한다. 내가 평생을 통하여 경험한 지혜와 지식을 다른 사람들에게 알려 줄 수 있다. 글을 쓰지 않으면 내가 가진 보물들을 아무도 알아보지 못한다. 내 이름으로 된 책을 쓰면 글을 쓰면 사람들은 나를 알아보고 나를 찾기 시작하는 것이다. 내가 모든 사람에게 나에 관한 이야기를 들려줄 수는 없다. 책은 내가 필요한 사람들을 장소나 시간에 관계 없이 찾아갈 수 있다.

책은 나를 알리고 홍보하는 나만의 영업사원인 셈이다.

넷째, 글을 쓰면 삶의 위치가 바뀐다.

글을 쓰기 전에는 다른 사람들이 쓴 책을 읽는 독자였다. 내가 책을 쓰는 작가가 됨으로써 나의 위치가 바뀐 것이다. 읽는 사람에서 쓰는 사람으로 위치가 바뀌게 된다. 책을 읽을 때도 이전에는 독자의 입장에서 읽었다면 이제는 작가의 입장에서 책을 읽고 분석하게 된다.

이제까지 글을 쓰지 못하는 이유와 글을 써야 하는 이유에 대하여 알아보았다. 나 또한 이러한 과정을 거쳐 현재 책을 쓰게 된 것이다.

어떻게 쓸 것인가 보다 무엇에 대하여 쓸 것인가를 생각한다. 내가 생각한 주제가 정해지면 여러 가지 자료를 모은다. 모여진 자료들을 토대로 내 생각과 경험을 하나로 버무려서 글쓰기를 한다. 어떤 날은 글을 쓰고 싶은 날도 있다. 글이 술술 잘 써지는 날은 기분이 좋다.

어떤 날은 고구마 100개를 먹은 것처럼 막히는 날도 많다. 그럴 때는 아무 말 대잔치로 키보드를 두드린다. 또 다른 방법은 주제와 관련된 책을 읽거나 밀접한 키워드 검색을 해본다. 이런 행동들을 통해 내가 쓰고자 하는 글에 대한 내 생각들을 정리할 수가 있다. 생각이 정리되고 나면 글쓰기가 훨씬 수월해지게 된다.

“우리의 삶은 너무나 소중하다. 죽어 무덤이나 납골당에 이름을 새기지 말고 책에다 새겨야 한다. 주위 사람들이 남들이 쓴 책을 읽으며 시간을 죽일 때 우리는 책을 써야 한다. 한 권의 책을 펴낼 때 삶은 더욱 개선되고 빛나기 시작한다. 무엇보다 사람들에게 인정받게 되고 세상에 쓰임이 있는 사람이 된다.”

– 김도사, 《100억 부자 생각의 비밀 필사노트》

우리가 읽는 사람에서 벗어나 책을 써야 하는 이유를 명확하게 표현하고 있다. 우리의 빛나는 인생을 위해서 글을 써야 한다. 속담에 ‘호랑이는 죽어서 가죽을 남기고 사람은 죽어서 이름을 남긴다.’ 내 이름을 내가 쓴 책으로 새겨 넣는 것이 최고의 방법이다.

내가 글을 쓰는 작가가 될 수 있었던 것은 네이버 카페 ‘한책협’의 대표 김도사, 김태광 코치와 ‘위닝북스’ 권동희 대표 덕분이다. 나를 또 다른 꿈의 세계로 인도해준 두 분께 감사하다. 책 쓰기 분야 최고의 코치인 김태광 코치에게 배울 수 있어 영광이었다. 힘이 빠질 때마다 에너지를 불어 넣어준 권마담 권동희 대표는 내가 본받고 싶은 분이다.

언젠가 책을 써보고 싶다는 생각은 했지만 이렇게 책을 빨리 쓸 줄은 몰랐다. 책은 특별한 사람들만 쓰는 줄 알고 있었다. 김태광 코치는 평범한 사람들 누구나 쓸 수 있다는 말로 내가 글을 쓸 수 있게 힘을 주셨다. 글을 쓰는 방법을 몰랐을 뿐이라고 했다. 그 방법을 배우고 난 후 정말로 글쓰기가 너무 쉽게 된 것이다. 주위의 사람들 아무도 이 말을 믿지 않았다. 내가 빠르게 완성한 것을 보고 다들 대단하다고 해주었다.

누구나 최고를 찾아가면 자신의 이야기를 빠르게 완성할 수 있다. 최고는 쉽게 빠르게 가는 길을 가르쳐주는 사람이다.

책을 읽는 사람은 누구나 작가가 될 수 있다. 모두 작가가 되어 자신의 이야기를 들려주면 된다. 당신의 이야기를 듣고 싶어 하는 사람들이 기다리고 있다.

이 책을 읽는 당신도 이제는 작가다.

본 책의 내용에 대해 의견이나 질문이 있으면
전화 (02)333-3577, 이메일 dodreamedia@naver.com을 이용해주십시오.
의견을 적극 수렴하겠습니다.

꿈을 이루는 독서의 힘

제1판 1쇄 | 2020년 10월 25일

지은이 | 김영이
펴낸이 | 손희식
펴낸곳 | 한국경제신문*i*
기획제작 | (주)두드림미디어
책임편집 | 이향선

주소 | 서울특별시 중구 청파로 463
기획출판팀 | 02-333-3577
영업마케팅팀 | 02-3604-595, 583 FAX | 02-3604-599
E-mail | dodreamedia@naver.com
등록 | 제 2-315(1967. 5. 15)

ISBN 978-89-475-4642-3 (03190)

책값은 뒤표지에 있습니다.
잘못 만들어진 책은 구입처에서 바꿔드립니다.